# Gilles Deleuze:

## Sentidos e Expressões

Jorge Cruz (Org.);

Cláudio da Costa
Elton Luiz
Jorge Vasconcellos
Leonel Azevedo de Aguiar
Ricardo Basbaum
Rogério da Costa
Com posfácio de Claudio Ulpiano

*gilles deleuze: sentidos e expressões*
**Copyright© 2006 Editora Ciência Moderna Ltda.**
Todos os direitos para a língua portuguesa reservados pela EDITORA CIÊNCIA MODERNA LTDA.

Nenhuma parte deste livro poderá ser reproduzida, transmitida e gravada, por qualquer meio eletrônico, mecânico, por fotocópia e outros, sem a prévia autorização, por escrito, da Editora.

**Editor:** Paulo André P. Marques

**Surpervisão Editorial:** João Luis Fortes

**Conselho** *ad hoc*: Jorge Cruz, Jorge Vasconcellos e Leonel Azevedo de Aguiar

**Diagramação e capa:** Rafael Silva

**Finalização:** Verônica Paranhos

**Revisão:** Danielle de Menezes; Marina Morani; Renata Leon; Simone Meirelles; Vanessa Lacerda; Vanessa Moraes (Centro Filológico Clóvis Monteiro, Uerj).

**Assistente Editorial:** Carine Cadilho

**Apoio:** Laboratório de Cinema e Vídeo/Instituto de Artes e SR-3/Uerj

Várias **Marcas Registradas** aparecem no decorrer deste livro. Mais do que simplesmente listar esses nomes e informar quem possui seus direitos de exploração, ou ainda imprimir os logotipos das mesmas, o editor declara estar utilizando tais nomes apenas para fins editoriais, em benefício exclusivo do dono da Marca Registrada, sem intenção de infringir as regras de sua utilização.

## FICHA CATALOGRÁFICA

Gilles Deleuze: sentidos e expressões \ Jorge Cruz (org.); Cláudio Costa ... [et al.]; com posfácio de Cláudio Ulpiano.- Rio de Janeiro: Ciência Moderna, 2006.

ISBN: 85-7393-513-8

Palestras apresentadas no evento *"O Abecedário de Gilles Deleuze na UERJ"*, ocorrido em setembro de 2004.

1. Deleuze, Gilles, 1925-1995. 2. Filosofia francesa. I. Título. II. Cruz, Jorge. III. Costa, Cláudio. IV. Ulpiano, Cláudio.

CDD:194
CDU: 1(44)

**Editora Ciência Moderna Ltda.**
**Rua Alice Figueiredo, 46 – Riachuelo**
**CEP: 20950-150 – Rio de Janeiro, RJ – Brasil**
**Tel: (21) 2201-6662 – Fax: (21) 2201-6896**
E-mail: lcm@lcm.com.br
www.lcm.com.br

# Sumário

*Apresentação* .................................................................. V
Jorge Cruz

**Parte I – Do sentido da filosofia** ........................ 1

*Letra G, de* Gilles ............................................................ 3
Elton Luiz
*Sociedade de controle* ................................................ 31
Rogério da Costa
*Estilo e criação filosófica* ........................................... 47
Jorge Vasconcellos

**Parte II – Da expressão da filosofia** ............................ 63

*Diagramação e processos de transformação* ............ 65
Ricardo Basbaum
*As dobras da imagem* ................................................ 93
Cláudio Costa
*A amizade filosófica entre Deleuze e Foucault:
Questões em torno da noção de poder* .................. 111
Leonel Azevedo de Aguiar

**Posfácio** .............................................................. 135

*O sentido e a expressão nas relações de Deleuze com a fenomenologia*
Claudio Ulpiano (com prólogo de Silvia Ulpiano)

**Apresentação**

Mesmo que escrito por Foucault com profético humor, parece que o século, de alguma forma, tornou-se deleuzeano. E isto, é claro, a partir da força dos conceitos contidos na sua obra, na potência dos trabalhos dos seus parceiros, colaboradores, orientandos, seguidores, enfim, intercessores, mas, também, certamente, pela contaminação que esta obra produziu nos diversos setores produtores de pensamento.

Este livro, proposto a partir do evento *O abecedário de Gilles Deleuze na Uerj*, ocorrido em setembro de 2004, pretende discutir algumas variantes nas orientações do pensamento inspirado nas formulações de Gilles Deleuze e não apenas sobre o vídeo *L'abecedaire de Gilles Deleuze*.

O que nos motivou a organizar o evento foi, primeiro, retomar a discussão sobre esta *outra* possibilidade de apresentar os temas filosóficos: o depoimento; e também o *novo* suporte: o vídeo, que termina por tomar o lugar da palavra escrita: o livro, o artigo em impresso ou, no monitor de um computador, o *e-book* e *o site*. Cabe ainda ressaltar que este é, certamente, o trabalho do filósofo com menos divulgação no Brasil. Assim, então, nas conferências do evento foram apresentadas idéias inspiradas na obra de Gilles Deleuze, tanto neste vídeo, quanto em seus textos diversos, e seu reflexo em alguns nichos da cultura universitária do Rio de Janeiro.

O livro apresenta na primeira parte, intitulada *Do sentido da filosofia*, textos de Elton Luiz, professor das universidades Cândido Mendes e Veiga de Almeida, Rogério da Costa, do Programa de Pós-graduação em Comunicação da PUC-SP, e Jorge Vasconcellos, professor do programa de Pós-graduação em Filosofia da Universidade Gama Filho, de inspiração nitidamente filosófica, introduzem aspectos do pensamento de Gilles Deleuze, tratam da sociedade de controle e especificamente do *L'abecedaire*; a segunda parte, *Da expressão da filosofia*, contem os textos de Ricardo Basbaum e Cláudio da Costa, professores do Instituto de Artes da Uerj, tratam da reverberação deste pensamento nas artes plásticas e na reflexão sobre o signo cinematográfico; Leonel Azevedo de Aguiar discute as relações entre Deleuze e Foucault; e, por fim, publicamos postumamente o texto de Claudio Ulpiano, que através da originalidade e contundência do seu trabalho filosófico, foi um dos principais introdutores do pensamento de Deleuze no Rio de Janeiro.

Assim, os trabalhos aqui reunidos compõem um conjunto diversificado que pretende dialogar com a obra de Gilles Deleuze, e abrir possibilidades diversas a partir de temas que são projetados em diferentes direções, que se interpenetram e se contaminam incessantemente com outros saberes, outras experiências. Buscamos, então, a partir da generosidade de cada autor, e trabalhando na atmosfera instaurada pela multiplicidade do pensamento do filósofo, que este livro seja, então, resultado de diferentes expressões, dentre as muitas possíveis no pensamento contemporâneo. Não pretendemos, assim, fazer história da filosofia. Mas, de alguma forma, almejamos continuar o movimento neste solo tão fértil que vem se estabelecendo a partir do pensamento de Gilles Deleuze.

Rio, 30 de agosto de 2004

# do sentido
# da filosofia

Parte I

# Letra *G*, de *Gilles*

Elton Luiz
Ucam/Uva
À Multitudo

*Só podemos destruir sendo criadores.*

Nietzsche

## Pop'filosofia

Um dos problemas mais cruciais da filosofia diz respeito, exatamente, ao começo. Isto é, uma das perguntas básicas que o filósofo deverá responder é: qual deve ser o *fundamento* a partir do qual se pode filosofar?

Quase todo filósofo encontra sua motivação ao se supor um iniciador. Mas a questão é: começar verdadeiramente não implica necessariamente no abandono de todos os pressupostos? No entanto, um simples exame da história da filosofia nos permite constatar que os filósofos comumente introduzem em seus projetos de começo pressupostos não-filosóficos. Tais pressupostos se caracterizam por ser subjetivos ou objetivos[1]. Por exemplo, o pressuposto defendido por Descartes de que todo mundo sabe, por reflexão, o que é o Eu (o *Ego*); ou ainda o pressuposto heideggeriano de que existe uma "compreensão pré-ontológica do ser", da qual todos participam. Com isso, subordina-se a filosofia à não-filosofia, fazendo desta última a transcendência na qual a filosofia deve encontrar seu fundamento e seu ponto de partida. O paradoxal da situação é que nunca de fato veríamos a filosofia começar filosoficamente. Seu começo é, na verdade, um retomar ou um refundar uma determinada concepção pré-filosófica. Quase sempre, então, vemos os filósofos ortodoxos refundarem a teologia, a moral ou mesmo o senso comum.

---

[1] Sobre esse problema, ver *A imagem do pensamento* (Deleuze, 1988a, p. 215-273); e, junto com Guattari, *O que é a filosofia?* (1992, p. 57).

Um filósofo que assim procede, fará seus conceitos habitarem em um céu teológico (Platão), ou então submeterá o desejo à Lei que Deus revelou a Moisés (Kant), ou ainda fará do senso comum o juiz a julgar os *excessos metafísicos* dos discursos filosóficos (Positivismo Lógico), para assim submetê-los à mídia, ou ao bom senso acadêmico, ou ainda ao pseudofilosófico mercado das auto-ajudas.

Gostaríamos de reproduzir aqui a maneira pela qual Deleuze pensa essa questão. Para ele, "o não-filósofo está talvez mais no coração da filosofia que a própria filosofia, e significa que a filosofia não pode contentar-se em ser compreendida somente de maneira filosófica ou conceitual" (1992, p. 57). O não-filosófico não é transcendente à filosofia, pois ele é parte essencial de sua imanência. Isso significa dizer que o não-filósofo habita o filósofo e torna possível o seu devir. O devir de um filósofo não é apenas o seu tornar-se músico, cineasta, pintor, índio ou poeta, mas também animal, inseto, molécula, atmosfera. A todos esses seres o filósofo deve emprestar seus olhos e boca, para assim extrair os *perceptos* e *afetos* que sobreviverão para além de seus olhos e boca puramente pessoais e subjetivos. E tudo isso para que o filósofo se torne não exatamente outra coisa, mas o que ele é.

O devir da filosofia chama-se, segundo Deleuze, *pop'filosofia* (cf. Deleuze e Parnet, 1998, p. 12). Trata-se de uma concepção da filosofia pensada a partir de suas fronteiras com as artes, sobretudo a maior das artes: a arte de viver. Nesse sentido, a *pop'filosofia* se compõe com uma *clínica* (Deleuze, 1997) como genealogia dos modos de existência, isto é, uma ética. A *pop'filosofia* retoma uma tradição que nasceu com Boécio, Lucrécio e Sêneca, sendo aprofundada depois por Nietzsche. Pois estes pensadores perceberam a filosofia como potência de cura. Cura contra a intolerância, cura contra os dogmas, cura contra todas as formas de servidão – não obstante o fato de a própria filosofia por vezes gerar suas intolerâncias, seus dogmas e suas formas refinadas de servidão e obediência. A regra prática que deveria derivar de uma *clínica filosófica*, como *medicina da alma*[2]: não se pode ensinar a pensar a não ser ensinando "a pensar por si mesmo" – *sapere aude*, esculpir a si mesmo: *estética da existência*. Mas aprender a pensar por si mesmo é o primeiro passo para que depois possamos aprender a pensar *no limite de nós mesmos*. Aqui, a filosofia se torna uma espécie de escultura na qual a matéria a ser modelada somos nós mesmos (cf. Onfray, 1995).

Segundo Deleuze, portanto, o não-filosófico, como coração da filosofia, diz respeito às sensações, aos afetos, ao corpo, enfim, à vida. Descobre-se então que a filosofia pode ser compreendida de maneira não conceitual ou acadêmica, sem que isto signifique um prejuízo à essência problematizadora do dizer filosófico. Assim, a filosofia não começa com os pressupostos subjetivos ou objetivos, mas sim com as sensações que desenham uma nova imagem da subjetividade e da realidade. Nesse sentido, a filosofia nunca abandona seu começo, pois esta é a marca de sua extemporaneidade e de seu *devir-criança*.

O começo filosófico não é um zero, mas *repetição*. Todo começo filosófico é, na verdade, uma repetição. Começar filosoficamente a filosofia significa dotá-la de uma potência de repetição: a condição desta não é um pressuposto, mas a afirmação de uma *diferença*. Somente havendo diferença pode acontecer a repetição. Pois a diferença é a singularidade; a repetição é o acontecimento. Deleuze repete Nietzsche. Deleuze repete Espinosa. Deleuze repete Hume. Repetir verdadeiramente é agenciar-se. E Nietzsche, Espinosa e Hume, ao se repetirem em Deleuze, tornam possível a Deleuze criar sua própria filosofia como agenciamento. Repetir não é reproduzir ou imitar. Reproduzir e imitar são os corolários dos pressupostos. Repetir é criar. "Repetir, repetir, até ficar diferente. Repetir é um dom do estilo", disse por sua vez Manoel de Barros (1997, p. 11). Na

---

[2] Conforme dizia Nietzsche, o filósofo é o "médico da civilização". Seu trabalho de interpretação incide sobre os "sintomas", isto é, os signos. Sobre esse tema, ver Lenain (1993), cap. 2, *L'ontologie en tant que sémiotique*

repetição, o repetido ganha um novo sentido na diferença que o exprime. Desse modo, uma filosofia da diferença e da repetição é uma filosofia da expressão, isto é, do sentido.

Acreditamos que a compreensão exclusiva através de conceitos é apenas uma das formas possíveis para se compreender a filosofia, mas não é a única – já que a compreensão de qualquer coisa em geral, e da filosofia em particular, mobiliza camadas de nosso pensamento e de nossa sensibilidade que igualmente são mobilizadas quando ouvimos uma música, lemos uma poesia ou vemos um quadro. E é nesse território onde o Pensar e o Sentir embaralham suas fronteiras, que vemos surgir, com Deleuze, a possibilidade de construção de uma *pop'filosofia*

*Riso de Dioniso, alegria espinosista, humor de Deleuze*

A obra de Deleuze se apresenta de duas maneiras fundamentais: como comentário monográfico a filósofos (Hume, Nietzsche, Espinosa, Bergson, Kant e Leibniz), como produção conceitual em torno de algum problema filosófico (como, por exemplo, o *Sentido*, a *Diferença*, a *Repetição*, a *Multiplicidade*, o *Devir*, os *Signos*, etc.). Essas duas produções se comunicam uma com a outra, de modo que é possível a apreensão de um *plano* ou imagem deleuziana do pensamento, que engloba essas e outras características da produção deleuziana (incluindo seu agenciamento com Guattari, com o cinema e com as artes em geral).

Há duas concepções de *plano*. Com efeito, é preciso distinguir *plano de organização* e *plano de composição*[3]. O *plano de organização* pressupõe um *modelo* que pré-existe ao processo, e que governa este último seja como *fim* a ser alcançado seja como desenvolvimento de uma *forma*. Por exemplo, as idéias platônicas ou a teleologia kantiana são construções filosóficas

---

[3] Este tema é desenvolvido sobretudo em Deleuze, 1988a, e Deleuze e Guattari, 1992.

que apontam para uma transcendência pré-filosófica, a qual caberia a filosofia servir. É por esse e outros motivos que tais filosofias vêem na moral o coroamento de seus respectivos sistemas. O *plano de composição*, ao contrário, busca inspiração na música, sobretudo em seu processo instaurador de uma verdadeira *heterogênese*. Com efeito, na música, o *todo* não precede às partes que o expressam. Ele é imanente ao processo. O todo é, ao mesmo tempo, criado e instaurado. Na execução de uma peça musical, cada instrumento expressa o todo singularmente, cada diferença é parte do plano, e se expressa em uma efetuação onde o tempo tem seu papel decisivo. O *plano de composição* é uma *heterogênese* desses elementos díspares reunidos em um conjunto aberto. A *harmonia concertante*, à maneira barroca.

Portanto, aquelas duas características da obra de Deleuze que citamos há pouco não devem ser tratadas em separado, mas segundo um *plano de composição* que possui três níveis ou *platôs*. Podemos designar o primeiro *platô* como o da *profundidade dos corpos*[4]. Esteticamente, ele é expresso pelo naturalismo, e tem na idéia de pulsão o seu elemento genético (Deleuze, 1985b). Mesmo Platão já pressentira tal mundo caótico, com sua noção de matéria louca, sem forma (cf. Deleuze, 1974, cap. 1). Mas é, sobretudo, em Freud que tal mundo fora conceitualizado, investigado e nomeado como o plano das pulsões. É também o lugar da *fissura*[5] e do *mundo originário*[6]. Este mundo está à espreita do pensamento, como a sombra que o acompanha e ameaça: *urro* que assalta a linguagem como seu limite interno que atrai o poeta e o escritor (Artaud); *impensável* que, como o vulcão no qual se atirou Empédocles, por vezes

---

[4] Este tema aproxima a *Lógica do sentido* (Deleuze, 1974) dos temas abordados em três obras: *O anti-Édipo* (1976 e 1995a), *Apresentação de Sacher-Masoch* (1983b) e *Cinema I* (1985b).
[5] Cf. *O Eu rachado, o eu passivo e a forma vazia do tempo* (Deleuze, 1988a, p. 152-155).
[6] Este tema aproxima *Diferença e repetição* (original de 1968) de *Cinema I* (original de 1980).

embaralha as fronteiras entre *linha de fuga* e *linha de abolição* (tal como acontece com a personagem do filme *Stromboli*, paralisada em sua fuga pela visão sublime do vulcão ameaçador – símbolo inumano da vida).

O segundo platô é o do realismo. Aqui, a imagem do pensamento é construída em torno do eixo prático do sistema sensório-motor e sob o modelo cognitivo da recognição[7]. Tal plano tem duas motivações pré-filosóficas: o bom senso e o senso comum. Deriva daí também a idéia de substância e o pressuposto de que aquilo que é primeiro no pensar é também primeiro no ser: a identidade e os princípios lógicos. Estamos no universo da representação. Kant, por exemplo, decalcara uma estrutura transcendental reprodutora de tais coordenadas empíricas e lógicas. É o império da ciência positiva (tanto as físicas quanto aquelas que tomam por objeto o homem). É também o reino da consciência, que se afirma ao excluir o plano das pulsões. Este aparece no segundo plano como algo que foge à regra desse mundo, emissário que é de um mundo que foge completamente das representações da consciência.

O terceiro platô é aquele para o qual aponta uma série de autores com os quais Deleuze se agenciou, seus personagens conceituais. Para este platô apontam os estóicos com sua teoria do *Acontecimento* (Deleuze, 1974), os medievais que trataram da *hecceidade*[8], Hume e o *Empirismo Superior* (2001), Espinosa e *O problema da expressão* (1968b), Nietzsche e a *Vontade de Potência* e o *Eterno Retorno*, Bergson e o *Virtual*[9], mas também Visconti, Welles (1990b), Francis Bacon (1981), Proust (1964), estes com *sonsignos* e *opsignos*,

---

[7] Cf. *A imagem do pensamento* (Deleuze, 1988a, p. 215-273).
[8] Tema desenvolvido sobretudo em quatro obras: *Diferença e repetição* (1988a), *Lógica do sentido* (1974), *Espinosa e o problema da expressão* (1968b) e *Mil Platôs* (1995-97).
[9] Embora Deleuze tenha escrito dois livros sobre Nietzsche (*Nietzsche e a filosofia*, 1976b, e *Nietzsche*, 1990c) e um livro sobre Bergson (*O bergsonismo*, 1999), a presença desses filósofos na obra de Deleuze é, como se sabe, extensiva e intensiva.

*gilles deleuze: sentidos e expressões* 9

*perceptos* e *afectos*. Este terceiro platô é o Tempo, o Devir, a Duração, o Transcendental[10]. Concebemos esse terceiro platô através dos conceitos daqueles filósofos, ou então o sentimos nos *perceptos* e *afetos*, nos *opsignos* e nos *sonsignos* destes artistas. Com todos estes, Deleuze confere uma nova matéria ao ser e constrói uma nova imagem do pensamento – plural, potente, vital.

Acreditamos ser o *Abecedário* uma *conversação* de Deleuze acerca de alguns conceitos que povoam seus platôs[11]. A conversação não é um *diálogo*, à maneira de Platão. O diálogo representa uma situação comunicativa que requer,como base fundamental, o pressuposto de um *bom senso* partilhado por todos. O efeito de tal partilha do bom senso é exatamente a suposição de um senso comum universal. Ora , tal suposição se ancora na idéia de que um dos participantes do diálogo é o representante de tal senso comum. Ou seja, o diálogo procura evidenciar que a oposição entre as opiniões que nele ocorre somente se resolve quando a Verdade se revela: assim, o portador da verdade demonstra que o lugar de sua enunciação coincide com a neutralidade de um *sujeito do enunciado* privilegiado: exatamente o lugar da *Razão Pura*.

No livro *A parte do Fogo*, por exemplo, Maurice Blanchot (1997) nos diz que aquele que se acredita portador de uma Verdade Transcendente se assemelha a alguém que, preso desde sempre em um quarto do qual não possui as chaves, imagina-se fora dele, olhando pela fechadura e descrevendo o próprio quarto. Ele se coloca então em uma perspectiva impossível para ele próprio, que está dentro do quarto. Ele cria, pois, uma *transcendência* – evocando-a como o único lugar possível para se ver a verdade do quarto. E ao mesmo tempo em que ele se coloca nessa transcendência, ele tem que apagar

---

[10] Tema trabalhado por Deleuze em seu último texto publicado: *L'immanence: une vie...* (1995).
[11] A idéia de *platô*, como sabe, é trabalhada por Deleuze e Guattari em *Mil platôs* (1995-1997).

a sua presença no quarto, isto é, ele deve matar, em vida, seu próprio corpo – isto que o particulariza, fazendo-o apreender o quarto a partir de uma *perspectiva*. Esta transcendência é, como diz Blanchot, o lugar da morte, a morte de olhos abertos, a *neutralidade* da *pura* Verdade, enfim, o olhar de Deus... Imaginemos uma outra possibilidade, não colocada por Blanchot. Pensemos em alguém que permanece no quarto, mas que busca as janelas. Ele busca o *fora*, alimenta-se de sua luz. Contemplando-a, ele identifica-se à paisagem sem limites. Este é o pensador da *imanência*. Ele não se coloca fora, para a partir daí olhar para dentro, supondo-se a si mesmo como a pura encarnação da neutralidade. Ao contrário, o pensador da imanência se deixa afetar pelo fora, e é de dentro que esse afeto se constitui. Enquanto que aquele que faz da transcendência o seu pressuposto quer ter do quarto uma representação completa, o pensador da imanência sabe que não se pode ter do fora uma representação que o contenha, pois o fora é infinito. Do fora só podemos ter perspectivas singulares, irredutíveis entre si – e cada uma contém a sua verdade. O próprio quarto nada mais é do que uma perspectiva da paisagem. A janela que separa o interior do quarto do seu exterior é exatamente o pensamento: ele é a membrana onde o dentro e o fora misturam suas cores e ares, onde o ordinário do quarto e o extraordinário da paisagem fundem-se numa intuição viva. É através do pensamento que a luz que vem de fora chega ao interior do quarto; e é igualmente através do pensamento que a vida que está dentro do quarto encontra a saída para respirar o ar que o infinito lhe sopra.

Apesar das aparências, o diálogo privilegia uma perspectiva única, fazendo-a depender de um sujeito do enunciado universal e da sua *boa vontade*; a conversação, ao contrário, aponta para aquilo que Deleuze nomeia como a "quarta pessoa do singular"[12]: um *sujeito coletivo de enunciação* produzido no *agenciamento*, no *bom encontro*. O *agenciamento* é uma

---

[12] Cf. *Postulados da lingüística* (Deleuze e Guattari, 1995c, p. 11-59); e *Da proposição* (Deleuze, 1974, p. 13-23).

qualificação de uma dada relação; porém, nem toda relação é um agenciamento. Um agenciamento nada tem a ver com uma interseção de círculos (isto é, o compartilhamento de uma interioridade em comum entre dois conjuntos diferentes). Na verdade, o agenciamento é como o encontro de duas bolhas de sabão que passam a dividir uma mesma superfície.

Ao contrário do que ocorre no diálogo platônico, onde uma das perspectivas procurará impor-se diante de sua rival, na conversação-agenciamento busca-se fazer nascer um *terceiro indivíduo*, no qual cada indivíduo comprometido com o processo de conversação será incorporado como uma espécie de sub-individualidade. Esse "terceiro-indivíduo" está presente em cada sub-indivíduo como potência de pensar não egóica e não pessoal. Esse *terceiro indivíduo* é, segundo Deleuze, a quarta pessoa do singular, cuja subjetividade é automodeladora de seus universos incorporais de referência. Não se trata aqui de uma questão de poder, mas de potência. Geralmente, pensa-se que o exercício da potência somente advém com a conquista do poder. Seguindo os passos de Espinosa, Deleuze inverte a questão.

Em sua obra principal, intitulada *Ética*, Espinosa (1992) define a potência como "a capacidade inerente a cada pessoa, ou seja, sua essência". Segundo Espinosa, "somos aquilo do que somos capazes de realizar". E essa capacidade de realização se chama exatamente potência (*potentia*, em latim). Por exemplo, o médico tem a potência de curar, mesmo que no momento ele não esteja exercendo a medicina. Mas quando ele está exercendo a medicina, a potência se transforma em poder (em latim: *potesta)*. O cantor tem a potência de cantar, mesmo que agora ele não esteja no palco. Porém, quando ele está no exercício de seu canto, sua potência se converte em poder: sua *capacidade* de cantar se tornou *ato* de cantar. O nadador tem a potência de nadar, mesmo que agora ele não esteja na piscina. Quando ele se joga na piscina para tentar bater um recorde, ele está exercendo seu poder de nadar. Ou seja, o poder (*potesta*) é a passagem da capacidade (*potentia*) ao ato concreto.

Mas de todas as potências, diz Espinosa, as mais importantes são: a potência de pensar e a potência de agir. Contudo, para que possamos exercer bem essas capacidades, afirma o filósofo, são necessárias algumas condições políticas (no sentido o mais amplo dessa palavra). Se não houver liberdade, por exemplo,a capacidade não vira ato concreto, ou seja, poder. Portanto, sem liberdade não podemos exercer plenamente as nossas capacidades, ou seja, as nossas potências. Pois sem liberdade não temos poder. Liberdade para Espinosa é: *direito de expandir-se*. Este "direito" precede ao direito posto pela lei jurídica e pelo Estado, e é intrínseco a cada indivíduo em sua singularidade.

Todavia, nem todas as capacidades de uma individualidade conseguem se tornar ato concreto. Se isso acontece, o indivíduo possui apenas a capacidade, mas não tem poder. Diz Espinosa que não deveria existir poder sem capacidade, não obstante pode existir capacidade sem poder. Por exemplo, o jovem cineasta que tem boas idéias para fazer um filme, mas que não consegue concretizar essa sua capacidade. Entretanto, supõe-se que um cineasta que esteja realizando um filme tenha uma certa capacidade (potência), e não apenas poder.

Contrariamente à potência, que é singular, o poder remete à vida social ou à sociedade. Para que a vida social seja organizada, é necessário que alguns indivíduos recebam poder. Por exemplo: o policial, o professor, o advogado, etc, são profissionais que receberam um certo poder da sociedade. O que significa dizer que quem tem poder exerce uma função que lhe é delegada pela multidão.

Dessa forma, há duas formas de se exercer o poder: reprimindo as capacidades daqueles estão sob nosso poder, ou então ajudando a aumentar as capacidades daqueles que estão sob nosso poder. Por exemplo, o jornalista que deturpa ou omite uma notícia está reprimindo ou diminuindo a capacidade do seu leitor de entender bem um fato. Quando nossa potência é diminuída, diz Espinosa, isso gera uma certa forma de tristeza, ou seja, impotência. Neste caso, a tristeza é o efeito de um mau encontro. O mau encontro ocorre quando nossa maneira de ser (ou essência) é enfraquecida em favor de uma outra maneira de ser que usa seu poder para nos tornar dependentes de sua maneira de ser, de sua perspectiva, enfim, de sua verdade. A tirania, em suas mais amplas formas, é a máquina de produzir tristeza.

O agenciamento é a máquina de guerra contra a tirania. O terceiro indivíduo que o agenciamento produz tem a marca da alegria. Para Espinosa, a alegria decorre de um aumento de potência, isto é, ela é o afeto indicador de um *bom encontro*. E o que é a alegria? Uma ausência de constrangimento. A alegria é aumento de potência: exercício de direito. Deus, portanto, é uma pura expansão sem nada que o constranja ou limite. Talvez possamos compreender melhor a idéia de expansão, tal como a empregamos aqui, se nos mirarmos em uma criança. Uma criança é um ser expansivo, já que ela ainda não está pronta. Não apenas o corpo da criança está em expansão, mas também seu *espírito* ou *mente* (do latim *mens*). Deus ou a natureza é como uma eterna criança que jamais envelhece, e que a cada dia se expande mais, criando o novo. O sinal que indica que um ser começa a morrer é quando ele pára de se expandir.

Diz Espinosa que devemos entender a expansão em dois sentidos: expansão do corpo e expansão do espírito. A expansão do corpo está limitada pelas leis da física. Pois as leis que governam a matéria tornarão um dia impossível que um determinado corpo se expanda após atingir a maturidade. Porém, a expansão do espírito não é limitada pelas leis da matéria, já que o espírito não é material. Assim, enquanto um homem viver, seu espírito pode expandir-se, não obstante a decrepitude que pode atingir os órgãos de seu corpo. A expansão de um corpo se expressa pela capacidade de agir. A expansão do espírito se expressa pela capacidade de compreender. A capacidade de agir de um homem pode diminuir com o tempo, mas a capacidade de compreender (isto é, de pensar) pode aumentar indefinidamente. Se um corpo ainda pode agir e não o faz, então algo o está constrangendo e limitando. Por exemplo, o corpo de um prisioneiro está limitado em seu poder de agir pelas paredes de sua cela.

Por outro lado, se um espírito tem o poder de se expandir mas não o faz, isso se deve ao fato de que algo o está limitando e constrangendo, diminuindo a sua capacidade de compreender e pensar. De certa forma, este espírito ou mente também está prisioneiro de alguma coisa. No caso do corpo do prisioneiro, o que o limita em seu poder de agir é a presença física das paredes de sua cela. No caso de um espírito (ou mente) o que o limita é algo que não existe fora dele, mas dentro. Pois a *cela* que mantém um espírito recluso na incompreensão são determinadas idéias e sentimentos confusos, tais como o preconceito, o medo, a ignorância, a superstição, etc. Nesse caso, o espírito é, ao mesmo tempo, o prisioneiro e seu próprio carcereiro. Pois a pior prisão que pode atingir o homem é exatamente a incompreensão. A incompreensão leva o espírito a pensar erradamente e, como conseqüência, conduz o corpo a agir equivocadamente. Embora a incompreensão seja algo que nasce dentro da mente do homem, sua produção no entanto remete às instâncias de poder que vigoram em uma determinada sociedade na qual o homem vive. Ao poder político e ao poder da igreja interessa produzir uma mente pouca expansiva e um corpo que não sabe agir. E da junção dessa mente pouco expansiva e desse corpo inapto surge um homem passivo que delega exatamente ao poder político e à igreja o direito de agir e pensar por ele. Nasce o homem do rebanho, privado de sua potência e de sua singularidade.

A idéia de singularidade deve ser oposta à noção de *regularidade* ou *ordinaridade*. O singular se opõe ao ordinário, não ao universal. Por exemplo, num triângulo, singulares são os pontos dos ângulos. Em todo triângulo, portanto, existem três pontos singulares. Numa reta os pontos singulares são dois: aqueles que estão em cada uma das duas extremidades. Se traçarmos um círculo e fizermos uma tangente passar sob ele, o ponto singular é aquele no qual a tangente toca o círculo, e ambos partilharão o mesmo ponto. Assim, para os três pontos singulares do triângulo existe uma infinidade de pontos ordinários. Entre os dois pontos singulares de uma reta comprimem-se uma quantidade imensa de pontos ordinários. Já o círculo nos mostra que qualquer ponto ordinário pode tornar-se singular, desde que ele se agencie com uma tangente. Uma vida é feita de pontos singulares e ordinários; do mesmo modo, há pensamentos singulares e ordinários. Singular é aquilo que é notável. Num pensador, notáveis devem ser suas idéias, não a sua pessoa. É preciso muitas vezes uma quantidade formidável de idéias ordinárias para se produzir uma única idéia singular e notável. Se olharmos o círculo de nossa vida, os momentos onde nós o apoiamos sobre pontos singulares são exatamente aqueles nos quais experimentamos alguma mudança, encontramos uma tangente – como *linha de fuga*. O universal não existe. O mesmo já não se pode dizer do ordinário: este é o comum. Não o bom senso, mas a ordinaridade é o elemento que mais se partilha entre aqueles que algum poder tiraniza.

Para concluir, a conversação difere do diálogo também pelo seguinte aspecto: enquanto o diálogo se vale da *ironia* como estratégia retórica (a célebre *ironia socrática*[13]), a conversação é uma prática na qual o humor dá o tom de uma saúde ali presente, uma saúde do pensamento como potência *crítica* e *clínica*: riso de Dioniso, alegria espinosista, humor de Deleuze.

### *Terra em transe, devir-criança*

Comentando uma questão presente em Espinosa[14], Deleuze nos diz que quando a morte subtrai da existência um bebê recémnascido, certamente o acontecimento-morte leva a maior parte daquilo que o bebê era. Mas devemos reconhecer que o acontecimento-morte não leva tudo que o bebê era. Algo da

---

[13] A ironia pode ser tomada como um método, embora não conceitual ou sistemático, que se vale de pressupostos implícitos – que fomentam, via de regra, a atividade dialética. Esses pressupostos cavam uma espécie de túnel, ligando a filosofia à pré-filosofia. Ou seja, conectam o plano dos conceitos ao território das crenças, da fé, do senso comum, do bom senso, enfim, de uma (ur)doxa qualquer.

[14] Deleuze, *Spinoza: immortalité et éternité*.Paris: Gallimard, 2001. (2 CDs).

criança permanece, mesmo que esse algo seja a menor parte daquilo que a criança foi. Essa menor parte é exatamente a essência do bebê. O acontecimento-morte nos rouba o corpo do bebê, mas sua essência (ou algo dela) permanece. E essa permanência desse ínfimo de lembrança expressa aquilo que na criança era eterno, e que a morte não subtraiu.

Quando dizemos que o que fica é a menor parte da criança, não devemos entender *menor* aqui como um valor quantitativo. Pois se trata, na verdade, de algo relativo à potência da criança. Uma das características da potência é a sua capacidade de expandir-se. Logo, ao levar o corpo da criança, o acontecimento-morte subtraiu-lhe uma das condições para a expansão da potência da criança. Todavia, mesmo em um grau ínfimo, tal potência expandira-se: e vive misturada à potência daqueles que foram afetados pela essência da criança. Assim, o poder de subtração do acontecimento-morte não é absoluto. É preciso olhar as coisas transpassando-as, sem negá-las; e ver através delas o coração que as anima. Esse coração é o infinito do qual elas resultam, e do qual cada uma expressa o que lhe cabe.

Para Espinosa, quanto mais potência uma essência possui, mais expansão ela é capaz de conquistar, reduzindo ao mínimo o poder de subtração do acontecimento-morte. Assim, quando a morte vier levar o homem que procurou expandir ao máximo sua potência-essência, deste a morte levará apenas a menor parte, pois a maior parte daquilo que ele foi permanecerá viva como efeito na alma daqueles que foram afetados pela sua essência. Mas para que esse afeto perdure na alma daqueles que ele toca, é preciso que esse afeto não seja uma morte na alma daqueles que lhe são afetados, mas sim vida, afirmação da vida: tal afeto, portanto, não é subtração da potência alheia, mas potencialização desta última enquanto parte imortal que atravessa cada um de nós. A afirmação desta imortalidade seria, segundo Espinosa, inseparável de uma certa alegria que a filosofia é capaz de produzir. E ao evocar essa alegria, Deleuze-Espinosa enfatizam uma questão que não é puramente intelectual, mas sobretudo estética. Pois, segundo eles, se é mais do que certo que não podemos *conhecer* essa imortalidade, podemos no entanto *senti-la*, exatamente como um campo de intensidade.

Acreditamos que essa questão espinosista acerca da imortalidade-intensiva pode auxiliar-nos na construção de uma perspectiva sobre o sentido e o lugar do *Abecedário* de Deleuze. Resolvemos evocar Espinosa sobretudo devido à exigência de Deleuze para liberar a divulgação das imagens do *Abecedário de Gilles Deleuze* (1996). Como Deleuze o expressa no início do *Abecedário*, a entrevista somente deveria ser exibida após a morte de Deleuze. Portanto, ao deixar isso claro no início da entrevista, percebe-se o humor do filósofo ao se saber já póstumo no momento mesmo em que anuncia a sua sobrevivência como *signo*, isto é, imagem e palavra. Convertendo-se àquilo que sua filosofia mesma afirma, Deleuze tornou-se, no *Abecedário*, um signo expressivo habitando a superfície do acontecimento-tempo. Deleuze metamorfoseou-se em sentido incorporal encarnado no signo material que o evoca. Para além da *imagem-movimento-Deleuze*, mas habitando-a, vive a *imagem-tempo-Deleuze*.

O impessoal não é a objetividade ou a neutralidade da *pura verdade* (ou o que existiria independentemente do pensamento). O impessoal é o próprio pensamento enquanto afirmado para além daquele que o pensa. O impessoal é o que torna possível o pensamento, sua abertura ao impensável. O impessoal não é uma qualidade ou estado que se possa atribuir a um sujeito ou pessoa, mas sim a sobrevivência do pensamento em relação àquele que o expressa. O impessoal é o pensamento enquanto acontecimento. Nesse sentido, o impessoal se expressa enquanto infinitivo: *um pensar*. É preciso que se afirme o artigo indefinido que qualifica o processo, pois não existe *O* pensar, mas sim *um* pensar. Não se mede o valor de um pensamento pelo seu *apagar-se*, pelo seu *subtrair-se*, pela identificação, com aquilo que deve ser pensado (pressupostos objetivos); tampouco se deve fazer do pensamento o fundamento determinante daquilo que deve ser pensado (pressupostos subjetivos). Ao contrário, o valor de um pensamento está naquilo que com ele se faz, e não em sua redução ao objeto ou ao sujeito. O impessoal vale na medida em que serve de plano de imanência à conduta que o toma como critério para o agir. No entanto, agir a partir do impessoal nada tem a ver com um *não tomar posição* perante o que acontece; ao contrário, agir a partir do impessoal é efetuar uma seleção, é afirmar, naquilo que acontece, a nossa potência de resistir ao acontecimento-morte nas suas mais variadas faces, sobretudo aquelas faces que se apresentam nas máquinas de tirania e tristeza.

E é esse *Deleuze-signo* a essência eterna que, no exercício de sua impessoalidade, ri da morte que dele só levou a menor parte. E a maior parte que fica, intensa e extemporânea, é o exercício criativo de um *devir-criança*[15] que atravessa o filósofo como *amor fati*. É essa criança como *personagem conceitual*[16] filosófico que deve ser, em um filósofo, a maior parte de sua essência (e que a morte não leva).

Percebe-se, então, que somos feitos de linhas: as distinções *molares* que nos separam não impedem que sejamos de uma mesma raça *molecular*. É preciso pensar o sujeito a partir de uma *heterogênese*, isto é, segundo o conjunto acentrado de elementos díspares, jamais totalizáveis por uma identidade prévia. Para lá de toda segmentaridade dura ou linear, que opera por dicotomias e repartições molares (velho/moço, trabalho/lazer, homem/mulher, etc.), é preciso achar os fluxos que compõem as linhas de uma heterogênese que faz emergir limiares, blocos de devires para lá de toda repartição dicotômica: em vez de velho ou moço, um *devir-criança*; no lugar de

---

[15] De Heráclito, com sua imagem da existência como um "jogo de criança", a Nietzsche (como já mostraremos), a criança se constituiu como *personagem conceitual* de uma filosofia do devir. Sobre a criança como *personagem conceitual filosófico*, o *devir-criança*, ver *O que dizem as crianças* (Deleuze, 1997, p. 73-79).

[16] Sobre o personagem conceitual, ver *Os personagens conceituais* (Deleuze e Guattari, 1992, p. 81-109).

homem ou mulher, um *devir-feminino*; ao invés de espírito ou matéria, um *devir-cérebro* (o cérebro, segundo Novalis, é a genitália da natureza: pois é através dele que a matéria copula com o espírito, o sensível com o inteligível, o empírico com o transcendental. O mundo que percebemos nada mais é que o rebento desta união).

Ao falarmos da criança como devir filosófico e artístico, apropriamo-nos de uma idéia de Nietzsche, expressa em *Assim falou Zaratustra* (1986), mais especificamente na passagem intitulada *As três metamorfoses do espírito*, que apresentaremos sucintamente a seguir.

Por vezes um filósofo consegue resumir sua filosofia inteira em poucas linhas. Geralmente ele o faz de maneira alegórica, isto é, valendo-se de uma determinada imagem que tem por função condensar toda a sua filosofia. Por exemplo, a *Caverna de Platão* é o recurso alegórico empregado por Platão para expor, para leigos, o conteúdo principal de sua filosofia. Segundo Platão, o filósofo é aquele que consegue romper os "grilhões" da caverna, indo então em busca da Verdade. Nietzsche em sua filosofia também apresenta uma alegoria que traduz condensadamente o teor de seu pensamento. Como já dissemos, a alegoria em questão se encontra no livro *Assim Falou Zaratustra*, e se chama: "As três metamorfoses do espírito". Segundo Nietzsche, o homem pode passar por três estágios. Aliás, não apenas o homem, como também a própria filosofia. Cada estágio é representado por seres diferentes, que são: o *burro*, o *leão* e a *criança*. Mais do que alegorias, tais estágios expressam uma *tipologia* das maneiras de pensar e agir, enfim, uma *tipologia das forças ativas* e *reativas*, uma *clínica*. Falaremos, a seguir, sobre cada um desses tipos.

O *burro* é aquele tipo de ser humano (ou de filosofia) que se caracteriza por dizer *sim* aos valores estabelecidos, aceitando-os e tomando-os por modelo, sem questionamento e crítica. Aqui, Nietzsche mostra todo o seu humor demolidor, já que em alemão a palavra "sim" se diz "ya", que é exatamente o som que o animal burro emite. Assim, o burro é aquele tipo de homem que, sem questionar, oferece as suas próprias costas para carregar aquilo que dizem ser o *verdadeiro*, o *útil*, a *objetividade*, enfim, o *normal*. Muitos valores podem servir de carga para o burro carregar. Segundo Nietzsche, a moral de Kant, enquanto moral das obrigações, seria uma moral de burro: ela exige um sim à norma, sem questionamento. Enfim, o sim do burro é um *sim passivo*, pois se limita a ser uma obediência cega aos valores estabelecidos: o burro aceita passivamente esses valores e os toma como modelos para sua vida.

O *leão* nasce quando o *burro* se dá conta de que aqueles valores que ele carregava o conduziram para o *deserto*, isto é, para lugar nenhum. O *deserto* é uma imagem alegórica que simboliza o vazio dos valores que o burro carregava. Quando o burro se vê no deserto, é a hora então em que o leão pode nascer. O leão nasce de dentro do burro. O que caracteriza o leão é a postura cética e crítica diante de todos os valores estabelecidos (é impossível montar ou pôr alguma coisa sobre o dorso de um leão, não é verdade?). Enquanto o burro diz *sim* a tudo o que está estabelecido, o leão, ao contrário, é aquele que diz *não* a todos os valores. O leão não carrega, mas também não cria (já que ele em nada *crê*). E para criar, diz Nietzsche, é preciso acreditar em alguma coisa. É preciso dizer *sim* a alguma coisa. E é aqui que vem o terceiro tipo: a *criança*.

A *criança*, para Nietzsche, representa aquele tipo de ser no qual o *sim* ganha uma nova função e força. Pois não é mais um sim ao que está estabelecido e esmaga o novo, mas é um sim exatamente ao novo, isto é, um sim à necessidade de transformação pessoal e coletiva. Pois a criança representa aquele ser que ainda não está pronto, e que anseia pelo futuro como algo que ainda não está dado. A criança diz sim ao que ainda não está dado, querendo dizer com isso que aquilo que está dado tem que ser superado para que o novo aconteça e se torne real, tanto ao nível pessoal como ao nível coletivo e político. O sim da criança concilia *ser* e *devir*. Em resumo, a criança diz sim à vida. A vida é o objeto principal de crença da criança. O sim da criança é um "sim ativo", isto é, um sim que visa a transformação daquilo a que se diz sim. Enquanto o burro diz sim aos valores estabelecidos, o sim da criança, ao contrário, questiona os valores estabelecidos não para simplesmente negá-los (como faz o leão), mas sim para mostrar a necessidade de criação de novos valores. Assim, há duas maneiras de se acreditar nos valores: como burro ou como criança. Ou seja, não é da mesma maneira que o burro e a criança acreditam em valores tais como a amizade, a democracia, a política, o amor, a educação, etc. O burro diz sim a tais valores sem perceber que a riqueza deles está no fato exatamente de que podemos potencializá-los, transformando-os. E quando os transformamos, é a nós mesmos que também acabamos por transformar.

Para Deleuze, por exemplo, uma das questões principais da filosofia, em sua dimensão prática, é a necessidade de constituição de uma *crença*. Não uma crença em *outro mundo*, mas a crença neste mundo, em sua imanência. Engana-se quem pensa que nós sabemos o que é este mundo. Pois este mundo é, em sua essência, o *impensado*. Um simples exame de qualquer crença em outro mundo (como a que ocorre na religião ou na metafísica tradicional) será suficiente para nos mostrar que esse outro mundo se afigura como o *Verdadeiro mundo*, isto é, aquele em relação ao qual o religioso, ou o metafísico, teriam ao mesmo tempo a crença e o conhecimento. Este outro mundo, para falar como Nietzsche, nada mais é, no entanto, que um construto mental hipostasiado numa transcendência, à qual se diz *sim*. A crença apareceria aqui como a necessidade de se aderir àquilo que se acredita ser o plano mesmo do *Em Si* e do *Eterno*, quando, em verdade, nada mais é do que uma quimera produzida por uma mente *humana, demasiadamente humana*.

Ora, a crença de que nos fala Deleuze tem por objeto este mundo, que não é um construto mental humano, exatamente por não ser mental. Ele é o impensado, mas que somente pode ser pensado. Ele é objeto de crença, não de conhecimento: podemos senti-lo ou pensá-lo, mas como o insensível de todo sentimento, como o impensável de todo pensamento. A questão que funda o pensamento não é o pressuposto de que entre ele e seu objeto (o *pensado*) existe uma adequação natural e plena. Na verdade, o objeto primeiro do pensamento é exatamente o impensado, aquilo sobre o qual devemos ter a crença. "Precisamos de uma ética ou de uma fé, o que faz os idiotas rirem; não é uma necessidade de crer em outra coisa, mas uma necessidade de crer neste mundo, do qual fazem parte os idiotas" (1990b, p. 209).

Contrariamente ao leão, que apenas critica e não cria, a criança faz da crítica e do questionamento os instrumentos para a transformação e a criação de um mundo onde os valores sejam mais *leves*, já que valores muito pesados (tais como *o pecado, a culpa, o ódio*, etc.) tornam-se um fardo para a vida carregar. E sob o fardo de valores pesados a vida corre o risco de sucumbir. É preciso então, diz-nos Nietzsche de uma maneira extremamente poética e bela, criar valores para a vida, que sejam valores fortes e potentes, mas que não impeçam a vida de poder *dançar*. Fazer *dançar* a vida que está em nós significa, em última análise, livrar-se do peso dos valores do burro que os poderes constituídos querem, às vezes muito sutilmente, fazer-nos carregar. A dança do pensamento é o humor, não a ironia.

A criança gira, gira, gira... De repente, ela pára o movimento rotativo e tenta fixar o olhar nas coisas à sua volta. Mas o mundo continua a girar, inadvertidamente. Então, na impossibilidade de fixar o olhar, a criança ri, depois se espanta, olha assustada, tapa os olhos como que querendo fazer cessar o jogo que ela mesma iniciara. No entanto, esse jogo, depois de iniciado, posto em movimento, reduz aquele que brinca à posição de *espectador contemplativo*, que deve aguardar que o mundo pare de girar por si mesmo, tal como a água de um copo que o movimento rotativo de uma colher transformou em rodamoinho. Mais do que nunca, o mundo então se expressa como um acontecimento cuja essência é a *duração*. Nessa brincadeira, a criança brinca não com um objeto ou brinquedo específicos. Pois ela faz do mundo inteiro um brinquedo. O mundo gira feito um pião. O chão, o céu, as cabeças, as idéias, o infinito:

tudo rodopia ao redor do eixo minúsculo, centro singular do turbilhão. *Terra em transe*. O garoto brinca com a objetividade, e há qualquer coisa de inocente nessa brincadeira. Filosofando com seu próprio corpo e espírito, diante de seus olhos desfila uma concreta metafísica. Ele se metamorfoseia, assim, em um *menino experimental* (Mendes, 1979): o Hume que todos nós fomos quando tínhamos 7 ou 8 anos – o qual desaprendemos, pouco a pouco, de ser.

O estágio desse *devir-criança* produz a mais estranha descoberta: a da inseparabilidade entre semiótica e ontologia. Não uma ontologia substancialista decalcada sobre uma semiologia do significante; ao contrário, trata-se de uma ontologia que se debruça não sobre objetos, mas sim sobre os acontecimentos como superfície onde se inscreve o sentido com suas duas metades: o atual e o virtual, o empírico e o transcendental, o orgânico e cristalino.

## *A assinatura do pensamento*

A teoria dos signos, como *semiótica do transcendental*, celebra um encontro: o agenciamento Estóicos-Proust, tal como Deleuze os interpreta. Conforme Deleuze, nos estudos da linguagem os signos são abordados a partir de três perspectivas tradicionais: 1- a partir do objeto que ele, o signo, representa: temos, nesse caso, o predomínio da *designação*; 2- tendo em vista aquele (o sujeito) que o representa: aqui, aparece a *manifestação*; 3- em terceiro lugar, o signo tem a função de representar um conceito: é o caso da *significação*. Por exemplo, o termo 'casa' representa o conceito de casa. Enquanto termo do conceito, o signo é chamado de *nome*. O nominalismo é a corrente que não concede posição ontológica aos conceitos, considerando-os apenas como realidades semióticas.

Deleuze aponta ainda para um quarto tipo de signo, os expressivos. Enquanto que os três tipos de signos precedentes pertencem àquilo que na filosofia se chama de *representação* – dependendo, cada um, de um *estado de coisas*, de um *sujeito percipiente* e suas afecções, bem como das *significações universais* (lingüísticas ou lógicas) –, o quarto tipo de signo pertence à *expressão*. Recoloquemos mais diretamente o problema.

Os signos da *designação* se reportam a um referente exterior, que os signos têm exatamente a função de representar; os signos da *manifestação*, por sua vez, remetem a um sujeito e aos seus estados vividos e às condições mediante as quais ele apreende e reage ao mundo que o cerca (na linguagem de Peirce, são signos da *segundidade*); já os signos da *significação* representam o conceito que eles supõem (daí toda a teoria da *suppositio*, de origem medieval)[17]. Perante o conceito, cada termo que o expressa pode ser substituído ou trocado, sem perda da significação que o conceito implica. Por exemplo: os termos *residência* e *morada* podem ser intercambiáveis pelo mesmo conceito: casa. Ou seja, *residência* e *morada* são *nomes* do conceito casa.

A quarta espécie de signos trabalhada por Deleuze não remete a estados de coisas, a sujeitos psicológicos e nem a significações universais. Eles são singulares, impessoais e transcendentais. O que eles expressam não existe fora deles, embora com eles não se confunda. Eles expressam um ideal que não é abstrato, um subjetivo que não é psicológico, uma realidade que não é objetiva ou empírica, um transcendental que não é consciente. A quarta espécie de signos nos remete para aquilo que Deleuze diz ser os signos da Arte, os mundos possíveis das essências da arte. Eles são não o nome de um conceito, mas a assinatura do pensamento. *Deleuze, Nietzsche, Lucrécio, Espinosa, Van Gogh, Glauber* são mais do que nomes próprios: são assinaturas de um pensamento impessoal, são nomes que designam singularidades.

---

[17] Pode-se ver em Abelardo, por exemplo, a discussão sobre a realidade ou não dos universais, tema caro, por sinal, a toda a especulação medieval tardia e que será o problema no qual a modernidade se reconhecerá.

Deve-se aos estudos da pragmática o apontamento de um estrato sutilíssimo da linguagem, que compõe de maneira essencial o processo de interpretação dos signos: os *implícitos não-discursivos*. Por exemplo, quando alguém diz *João não fuma mais*, fica implícito que ele *já fumou*. Podemos dizer, não sem cautela, que a linguagem carrega consigo uma zona virtual que não precede ou sucede a emissão dos enunciados, mas convive com estes últimos sob a forma de uma co-existência. Assim, *João fumou*, embora não enunciado, co-existe com *João não fuma mais*, e complementa, de maneira decisiva, o sentido do enunciado manifesto. Antes de ser um caso isolado, o exemplo acima expressa o essencial dos processos de troca de signos.

Contrariamente à pragmática (tal como esta é retomada por Deleuze), os adeptos do formalismo lógico procuram eliminar a importância dos implícitos não-discursivos, e sonham com uma linguagem que não contenha nenhuma dobra ou sombra, uma linguagem *clara e distinta*. Deriva daí o recurso à matemática e aos formalismos, emergindo dessa postura o ideal de verdade como adequação do objeto de conhecimento com uma linguagem que, transparente à razão, apreende, sem sombra, o preciso contorno das coisas.

Para Nietzsche, no entanto, a essência da linguagem está na relação que ela faz com isso que ela não diz, mas que lhe empresta a riqueza de sentido que vai além da dicotomia entre verdade e erro, essência e aparência. Trata-se da *potência do falso*[18] como virtualidade estética e a-lógica (nem lógica e nem ilógica) que anima a linguagem e lhe confere o poder de criar o novo.

É preciso distinguir, para não confundi-los (o que seria fatal para o pensamento), o *implícito não-discursivo* da *segunda intenção*. A "segunda intenção" (tal como ocorre na afirmação *fulano tem segundas intenções*) se vale dos enunciados

---

[18] Retomando um tema caro a Nietzsche, Deleuze desenvolve esse problema em *Cinema II* (1990b).

explícitos para escamotear um outro sentido que difere em essência do sentido do enunciado manifesto, de modo que este último é meramente uma máscara que esconde um rosto que não se revela, a não ser pelo segundo enunciado não explicitado.

Já o implícito não-discursivo é um enunciado virtual do qual o enunciado explícito extrai seu sentido. Enunciado virtual significa então: realidade semiótica não-verbal, verbalizável apenas quando deixa de ser implícita-virtual, e se explicita-atualiza. Logo, o falso, enquanto potência dos enunciados explícitos, difere em natureza da mentira (que é um efeito da *segunda intenção*).

Há ainda um outro ponto importante que nos pode servir para distinguir o implícito não-discursivo da *segunda intenção*. Esta última é sempre a expressão de um indivíduo: o enunciado escamoteado reflete um campo passional-psicológico daquele que emite o enunciado (e que, por vezes, toma a aparência até mesmo de enunciados racionais). O implícito não-discursivo, contrariamente, aponta para um sujeito coletivo envolvido em coordenadas pragmáticas que fazem com que a linguagem se conecte com um "fora". Enquanto o enunciado manifesto se apóia em *significados*, o implícito não-discursivo é o lugar do *sentido*. Há, portanto, duas lógicas: a lógica do significado e a lógica do sentido.

O significado pressupõe uma definição (no sentido lógico), pois ele é o equivalente mental de um significante. Agora, quando digo, por exemplo, a seguinte palavra: *ricomé*, tal palavra não possui significado, embora tenha um sentido. E qual esse sentido? O sentido de ricomé é "não ter sentido" e "Não ter sentido" é um sentido aplicável à ricomé. Este termo não tem referente, nem podemos construir nenhuma imagem mental a partir da audição do seu significante, mas ele tem um sentido. Não lhe falta um sentido, já que ele possui um: "não ter sentido". De fato, "não ter sentido" é um sentido que só existe dentro da linguagem, e mostra que a essência da linguagem é o sentido, e não o significado. Não ter sentido é uma maneira de se expressar um sentido irrepresentável pela maneira habitual de se compreender a linguagem. O "não sentido" é já sentido, pois nunca se sai do sentido – mesmo quando o levamos à saturação ou à demência[19]. O que mostra que o sentido é a indiscernibilidade do pensamento e da linguagem, a sua mútua reciprocidade para lá de toda semântica e também de toda estrutura. Já que,para o estruturalismo, o sentido sempre falta. Para Deleuze, o sentido nunca falta. Pois dizer que o sentido falta é já produzir um sentido, que faz com que a linguagem chegue ao seu limite, limite esse ao qual a conduz o pensamento que, em sua imanência, se expressa. O sentido é o acontecimento da linguagem. Não ter sentido indica que o sentido só existe enquanto produzido.

*Letra G , de Gauche (esquerda)*

O que é *ser de esquerda* e o que é *ser de direita*? A questão é tratada por Deleuze na letra G do *Abecedário*. Serão reproduzidos aqui, com base no *espírito* e não na *letra,* os principais pontos da resposta deleuziana.

*Ser de esquerda* ou *ser de direita* é uma questão que ultrapassa as distinções ideológicas e partidárias estabelecidas. Na verdade, a diferença entre *esquerda* e *direita* deve ser pensada a partir de um ponto bem concreto: as práticas perceptivas. Desse modo, podemos recolocar a questão, e afirmar: há uma *percepção de direita do mundo* e há, diferentemente, uma *percepção de esquerda do mundo*. Logo, a diferença entre essas duas percepções se torna mais clara se a reportarmos ao sujeito que as suporta e ao mundo ao qual elas se endereçam.

A percepção de direita é aquela que se apóia em um ponto fixo e privilegiado, que funciona como seu suporte subjetivo: o ego do sujeito. Assim, a percepção de direita do mundo é aquela

---

[19] Conforme as análises de Deleuze (1974) sobre Lewis Carroll.

que tem como ponto de partida, e suporte, o ego. A partir desse ponto, o sujeito desenha como que círculos imaginários e concêntricos, que avançam no espaço e no tempo, e cujo centro é o ego do sujeito. Os círculos representam zonas de interesse. A percepção de direita opera por conjuntos: dos conjuntos menos vastos aos mais vastos.

Cada conjunto representa uma classe ou categoria de coisas. Quanto mais próximo do centro de interesse (o ego), mais um objeto, evento ou pessoa é valorado positivamente. Há, assim, o conjunto dos bens ou posses, bem como o conjunto dos familiares e amigos – cujo princípio regulador repousa na idéia de *semelhança*. Há também as partes do espaço próximas ao ego, tal como a casa, o bairro, a cidade, etc. O espaço próprio à percepção de direita distribui-se sedentariamente, a partir de uma quadriculação por segmentos duros ou *molares*, que faz o tempo revestir-se de um caráter métrico ou cronológico, sendo então representado como quantidade extensiva subordinada à distribuição sedentária.

Quanto mais afastados do centro de interesse, no espaço e no tempo, mais um objeto, pessoa ou evento decresce em concretude objetiva, tornando-se *abstrato*, sem interesse. O tempo e o espaço somente existem em relação ao centro de interesse, isto é, o ego. A percepção de direita é aquela na qual predomina o mundo orgânico e o sistema sensório-motor. Tal percepção transforma o mundo inteiro em um imenso *clichê*, no qual todo e qualquer objeto percebido é rebatido em um esquema prévio de *recognição*. Assim, antes do perceber, e determinando-o, há um *reconhecer* calcado nas significações dominantes – que se transformam, conforme nos mostra Canneti, em um *quisto no interior da alma*: a *palavra de ordem*. O ideal de felicidade é o prazer imediato da posse e o poder crescente do acúmulo. E o sentido da eficácia repousa no sentimento de que o mérito é aquilo que apraz ao consenso estabelecido pelos vitoriosos da concorrência universal. A imagem filosófica de tal percepção de mundo está representada no *cogito*.

A percepção de esquerda, ao contrário, é aquela que toma como ponto de partida não o ego ou o sujeito, mas sim aquilo que nenhum círculo ou conjunto é capaz de conter: *o fora*. A percepção de esquerda parte do absoluto (ou, como diz Espinosa, da *Natureza Naturante*). A percepção de esquerda é transfinita, desterritorializada e desterritorializante. Onde a percepção de direita vê um ponto de partida, a percepção de esquerda vê um resultado de forças não pessoais, já que o ego é o efeito de diversos elementos que concorrem para a sua produção. A percepção de esquerda desborda os limites orgânicos do sistema sensório-motor, extraindo de cada acontecimento ou objeto a sua parte inefetuável e eterna.

A percepção de esquerda é o meio exploratório das zonas do real que não se dão a perceber. Nesse sentido, ela se torna a experimentação do próprio pensamento no limiar do perceptível.

Sendo assim, não raro se pode encontrar percepções de direita em pessoas filiadas em partidos supostamente de esquerda; bem como se pode entrar em uma percepção de esquerda ao se deixar afetar pelos signos de uma música ou de uma pintura – mesmo que essa música não tenha palavras, mesmo que essa pintura não ilustre ou narre nada, mesmo que ela seja apenas *branco sobre branco*.

# Sociedade de Controle[1]

Rogério da Costa
PUC-SP

*Não há necessidade de ficção científica para conceber um mecanismo de controle que fornece a cada instante a posição de um elemento em meio aberto, animal numa reserva, homem numa empresa (coleira eletrônica). Félix Guattari imaginava uma cidade onde cada um poderia deixar seu apartamento, sua rua, seu bairro, graças ao seu cartão eletrônico, que removeria essa ou aquela barreira; mas do mesmo modo, o cartão poderia ser rejeitado tal dia, ou entre tais horas; o que conta não é a barreira, mas o computador que localiza a posição de cada um, lícita ou ilícita, e opera uma modulação universal*

Gilles Deleuze
*Post-Scriptum sobre as Sociedades de Controle*, 1990.

## A nova arquitetura da Informação

Num artigo de 1990, intitulado *Post-Scriptum sobre as Sociedades de Controle*, o filósofo Gilles Deleuze propôs alguns aspectos que poderiam distinguir uma sociedade disciplinar de uma sociedade de controle (Deleuze, 1990a). As sociedades disciplinares podem ser situadas num período que vai do século XVIII à Segunda Grande Guerra, sendo que os anos da segunda metade do século XX estariam marcados por seu declínio e pela respectiva ascensão da sociedade de controle. Seguindo as análises de Michel Foucault, Deleuze percebe no enclausuramento a operação fundamental da sociedade disciplinar, com sua repartição do espaço em meios fechados (escolas, hospitais, indústrias, prisão...), e sua ordenação do tempo de trabalho. A esses processos ele chamou de *moldagem*, pois um mesmo molde fixo e definido poderia estar aplicado às mais diversas formas sociais. Já a sociedade de controle

---

[1] Está é uma versão modificada do artigo publicado originalmente na Revista São Paulo em Perspectiva, Fundação Seade, vol. 18, 2004.

seria marcada pela interpenetração dos espaços, por sua suposta ausência de limites definidos (a rede), e pela instauração de um tempo contínuo, no qual os indivíduos nunca conseguiriam terminar coisa alguma, visto que estariam sempre enredados numa espécie de formação permanente, de dívida impagável, prisioneiros em campo aberto. O que haveria aqui, segundo Deleuze, encaixar-se-ia como uma espécie de *modulação* constante e universal, que atravessaria e regularia as malhas do tecido social.

Deleuze propõe ainda que as sociedades disciplinares possuem dois pólos, "a assinatura que indica o *indivíduo*, e o número de matrícula que indica sua posição numa *massa*". Nas sociedades de controle, "o essencial não seria mais a assinatura nem um número, mas uma cifra: a cifra é uma *senha* [...] A linguagem digital do controle é feita de cifras, que marcam o acesso ou a recusa a uma informação" (Deleuze, 1990a). A força dessa interpretação reside num aspecto que gostaríamos de analisar nesse artigo: a relação entre identidade pessoal e código intransferível (ou cifra, como diz Deleuze). A passagem de um a outro implica na idéia de que os indivíduos deixam de ser, justamente, *indivisíveis*, porque passam a sofrer uma espécie de *divisão*, resultado do estado de sua senha, de seu código (ora aceito, ora recusado). Além disso, as massas, por sua vez, tornam-se *amostras*, *dados*, *mercados*, que precisam ser rastreados, cartografados e analisados, para que padrões de comportamentos repetitivos possam ser percebidos.

Para tentar compreender melhor essas distinções, e esclarecendo desde já que há muitas maneiras de se abordar a recente sociedade de controle e seus mecanismos (Hardt, 1998, Lessig, 1999, Rheingold, 2002, Shapiro, 1999, vamos abordar aqui a forma como os dispositivos de controle se ocupam de informações resultantes das várias ações dos indivíduos. Chamadas telefônicas, compras de passagem aérea, câmbio, transferência financeira, uso de cartão de crédito etc. O que se pretenderia obter através da análise de um tal conjunto de informações? O que interessa é o seu conteúdo ou seu padrão de composição e acesso? Enquanto os conteúdos apontam para as pessoas, para os sujeitos no sentido singular da informação (conversou tal assunto, foi para tal país, trocou tantos dólares...) os padrões, por sua vez, nos remeteriam a quê? A indivíduos como códigos digitais dentro de uma amostra específica? Há diferença entre viajar uma única vez ou vinte vezes em seis meses a um mesmo país? Tais aspectos parecem cruciais na mudança das estratégias que nos conduziram dos modelos tradicionais de disciplina aos modelos mais sofisticados de controle atuais.

Há de se notar ainda um aspecto básico: sociedades disciplinares e de controle estruturaram de forma diferente suas informações. No primeiro tipo de sociedade, teríamos uma organização vertical e hierárquica das informações. Neste caso, o problema do acesso à informação, por exemplo, confunde-se com a posição do indivíduo numa hierarquia, seja ela de função, posto, antiguidade etc. Além disso, as informações parecem se adequar à estratégia de compartimentalização que configura o dispositivo disciplinar. Cada instituição detém, assim, seu quinhão de informação, como algo que pertence a seu próprio espaço físico. Há uma associação profunda entre o local, o espaço físico e o sentido de propriedade dos bens imateriais. Há uma intensa regulação dos fluxos imateriais no interior dos edifícios e entre eles, de tal maneira que a resposta à pergunta "onde está?" parece indicar, ao mesmo tempo, o lugar físico e a propriedade da informação.

Cabe lembrar que nos dispositivos disciplinares, como nos mostra Foucault (1998), há uma espécie de polarização entre a opacidade do poder e a transparência dos indivíduos. Retomemos da famosa imagem do panóptico. O poder, devido a sua situação privilegiada, manter-se-ia fora do alcance dos indivíduos, enquanto estes últimos estariam numa situação de constante observação, sendo, portanto, transparentes aos seus olhos. (Foucault, 1998; Rheingold, 2002). Numa tal situação, parece que a reivindicação fundamental seria maior transparência do poder, para que possamos ver quem vive nos espiando e controlando.

Essa crença acabou alimentando uma série de reflexões sobre a suposta transparência que a *web* nos ofereceria, e sua conseqüente força diante dos obscurantistas que defendem os velhos esquemas de poder. Deste modo, poderíamos ter finalmente com a *web* a liberdade de expressão, o acesso às informações democratizado etc[2]. Claro que nada disso é desprezível, sendo mesmo algo que nos permite uma mobilidade sem precedentes. Mas o que se passa, então, com o advento da sociedade de controle, que é predominantemente reticular, interconectada? Há uma mudança de natureza do próprio poder, que não é mais hierárquico, mas disperso numa rede planetária, difusa. Isso pode significar que a antiga dicotomia opacidade-transparência não seja mais pertinente. Como diz Deleuze (1990a), os anéis da serpente são mais complexos... O poder hoje seria cada vez mais ilocalizável, disseminado entre os nós das redes. Sua ação não seria mais vertical, como anteriormente, mas horizontal e impessoal. É verdade que a verticalidade sempre esteve associada à imagem de alguém: é o ícone preenchedor do lugar de poder. Mas numa sociedade inteiramente axiomatizada, as instâncias de poder estão dissolvidas por entre os indivíduos, o poder não tem mais uma cara. Sua ação agora não se restringe apenas à contenção das massas, à construção de muros dividindo cidades, à retenção financeira para conter o consumo. Essas são estratégias pertencentes ao passado.

Hoje, o importante volta-se a essa atividade de modulação constante dos mais diversos fluxos sociais, seja de controle do fluxo financeiro internacional, seja de reativação constante do consumo (*marketing*), para regular os fluxos do desejo ou, não nos esqueçamos, da expansão ilimitada dos fluxos de comunicação. Por outro lado, da mesma forma que o terrorismo é uma conseqüência do terror imposto pelo estado, a ação não-localizada dos *hackers*, produzindo disfunções e rupturas nas redes, norteia-se no efeito que corresponde adequadamente aos

---

[2] Pierre Lévy (2002) é um dos que mais defende essa posição, onde a transparência da *web* seria uma forma de resistência ao poder.

novos modos de atuação do poder. Nenhuma forma de poder parece ser tão sofisticada quanto aquela que regula os elementos imateriais de uma sociedade: informação, conhecimento, comunicação. O estado, que era como um grande parasita nas sociedades disciplinares, extraindo mais valia das atividades dos indivíduos, hoje está se tornando uma verdadeira matriz onipresente, modulando continuamente os fluxos desses mesmos indivíduos, segundo variáveis cada vez mais complexas. Na sociedade de controle, estaríamos passando das estratégias de interceptação de mensagens ao rastreamento de padrões de comportamento...

## ECHELON: A interceptação de mensagens

Boa parte do sistema atual de vigilância eletrônica global ainda é baseada na interceptação de mensagens. Esses sistemas são o resultado inevitável da invenção da rádio, e estão ligados à própria essência das telecomunicações. Assim como a rádio possibilitou a transmissão de mensagens para além dos continentes, ela permitiu também que qualquer um as escutasse. Não há dúvidas de que foi a invenção da rádio que deu uma nova importância à criptografia, à arte e à ciência, por criarem códigos secretos. Ela estaria na origem do mercado de interceptação de sinais.

Um dos sistemas mais famosos de vigilância planetária se desenvolveu principalmente em decorrência dos conflitos da Segunda Guerra Mundial. Duncan Campbell (2001), autor de um relatório para o Parlamento Europeu sobre o sistema Echelon, conta que durante a Segunda Grande Guerra, enormes organizações de decodificação, pertencendo às forças aliadas, na Inglaterra e nos EUA, leram e analisaram centenas de milhares de sinais alemães e japoneses. Durante esse período foi posta em funcionamento uma rede de escuta planetária chamada UKUSA, um acordo firmado em 1947 entre os governos dos EUA, Inglaterra, Canadá, Austrália e Nova Zelândia. Num esforço de vigilância jamais visto, a Agência de

Segurança Nacional dos Estados Unidos – NSA criou um sistema global de espionagem chamado Echelon (dentro do acordo UKUSA), que hoje tenta capturar e analisar virtualmente todas as chamadas telefônicas e mensagens de fax, e-mail e telex enviadas de qualquer ponto do planeta. O sistema Echelon é muito simples em seu desenho: estações de interceptação de sinais em todo o mundo capturam todo o tráfego de comunicações via satélite, microondas, celular e fibra ótica, processando essas informações através de computadores de alta capacidade. Isso inclui programas de reconhecimento de voz, programas de reconhecimento de caracteres e procura por palavras-chave e frases no dicionário Echelon, que capacitam o computador a marcar as mensagens, gravá-las e transcrevê-las para futuras análises.

O projeto Echelon se enquadra numa perspectiva de controle baseada na interceptação de sinais e de comunicação, e na quebra de seu código para se chegar a um conteúdo. Trata-se, pois, de vasculhar o conteúdo de mensagens transmitidas por diversos meios e trocadas pelas mais diferentes instâncias, como indivíduos, governos, organizações internacionais, organismos privados e comerciais.

Nos anos quarenta, o primeiro foco das operações do Echelon foi a espionagem militar e diplomática. Já nos anos sessenta, na esteira do crescimento do comércio internacional, a interceptação de informações acabou incluindo os campos econômico e científico. Só recentemente a atenção dessa rede de vigilância planetária voltou-se ao tráfico de drogas, à lavagem de dinheiro, ao terrorismo e ao crime organizado. O governo Clinton (1993), por exemplo, teria apoiado a atuação das operações de interceptação no plano comercial. É significativa a lista apresentada por Campbell das empresas americanas que teriam vencido concorrências graças à intervenção do governo americano e com a ajuda de informações obtidas pela NSA (o projeto SIVAM, do Brasil, por exemplo, encontra-se entre os citados). Já o atual governo Bush tem trabalhado incansavelmente na interceptação de informações das redes terroristas e do crime organizado.

Deve-se notar, no entanto, que, nos últimos quinze anos, a evolução tecnológica da rede Echelon deixou de estar adiante de seu tempo, sendo hoje alcançada pelas redes industriais e acadêmicas, com seus equipamentos de última geração. O assim chamado "ciclo da informação" – composto pela interceptação, coleta, seleção, tratamento e entrega das mensagens relevantes aos "clientes", que ainda é cumprido quando se trata de transmissões em alta freqüência, em ondas curtas, cabos submarinos, satélites de comunicação ou *Internet* – agora tem dificuldades com as redes de fibra ótica de alta capacidade e com redes de satélites do tipo Iridium. Além disso, como afirma Campbell, "os organismos de espionagem dos sinais reconhecem que a longa batalha contra a criptografia civil e comercial foi perdida. Uma comunidade acadêmica e industrial sólida está hoje voltada para a criptografia e a criptologia. Reconhecendo esse fato, os EUA liberaram em janeiro de 2000 seu serviço de exportação de métodos de encriptagem, permitindo aos cidadãos e às empresas não-americanas comprar e utilizar produtos de codificação potentes".

Isso significa que, de algum modo, a percepção sobre a prática da interceptação de mensagens está mudando, não por se tratar apenas de aprimorar as técnicas de criptografia, mas, sim, de mudar a forma de abordagem do controle. Afinal, apesar de todo o poder do projeto Echelon e de vários outros do mesmo gênero, os ataques terroristas continuaram passando sem interceptações significativas. Por conta disso, atualmente, dezenas de empresas trabalham para o Departamento de Defesa dos EUA, muitas delas localizadas no Vale do Silício. Duas das mais importantes são AST e *The Ideas Operation*, dirigidas por antigos funcionários do alto escalão da NSA. As duas operam no desenvolvimento de *softwares* de filtragem, tratamento de dados, análise de fac-símiles, análise do tráfego de informações, reconhecimento de palavras-chave, análise por temas, sistemas de reconhecimento de voz etc. São empresas que possuem pleno domínio das novas técnicas desenvolvidas para rastrear as mais diversas ações dos indivíduos e, a partir disso, construir padrões de comportamento.

## A questão da vigilância

O projeto Echelon representa, por assim dizer, um caso exemplar, já que pode ser visto como último grande descendente dos sonhos de uma sociedade disciplinar e de sua concepção de vigilância, sendo o ancestral de nossa sociedade de controle. Isto porque ele enfrentou a transição nos sistemas de comunicação do planeta, provocada pela revolução da informática.

Há aqui uma modificação no sentido de vigilância, que passa da sociedade disciplinar à sociedade de controle. Na primeira, a idéia de vigilância remetia ao confinamento, e portanto à situação física que caracterizava as preocupações dessa sociedade. O problema era o movimento físico dos indivíduos, seu deslocamento espacial. Vigiar era, basicamente, regular os passos das pessoas, era *olhar*. Com a explosão das comunicações, uma nova figura ganha força: a vigilância das mensagens, do trânsito de comunicações. É a época dos espiões, dos agentes secretos. Ultrapassamos Sherlock Holmes, que seguia os índices e pistas dos movimentos dos suspeitos, e alcançamos 007, envolvido em tramas internacionais via satélite. Vigiar passou a significar, sobretudo, *interceptar, ouvir, interpretar*.

Com a explosão da *web*, algo está mudando. Devido à nova forma como as informações são estruturadas, em rede e reproduzidas em *n* pontos, acabamos gerando uma nova forma de vigilância, que se preocupa em saber de que forma essas informações estão sendo acessadas pelos indivíduos. Parece que o mais importante agora é a vigilância sobre a dinâmica da comunicação não apenas entre as pessoas, mas sobretudo entre estas e as empresas, os serviços *on-line*, o sistema financeiro, enfim, todo o campo possível de circulação de mensagens. O que interessa, acima de tudo, é como cada um se movimenta no espaço informacional. Isso vem a dizer tanto ou mais sobre as pessoas do que seus movimentos físicos ou o conteúdo de suas mensagens. A vigilância constante sobre as trilhas que os indivíduos deixam na web, por exemplo, tornou-se objeto de inúmeras discussões e especulações. Afinal, quem somos nós? Para onde vamos, o que fazemos, o que dizemos? Ou o que pensamos? O jeito como nos deslocamos por entre informações revela muito de como pensamos, pois revela como *associamos* elementos díspares ou semelhantes.

O *tracking* generalizado nos chama a atenção. Há uma espécie de vigilância disseminada no social, haja vista a possibilidade de todos poderem, de certa maneira, seguir os passos de todos. O controle exercido é generalizado, multilateral. As empresas controlam seus clientes; as ONGs controlam as empresas e os governos; os governos controlam os cidadãos; e os cidadãos controlam a si mesmos, porque precisam estar atentos ao que fazem.

*A busca por padrões de comportamento*

Como lembra o matemático e sociólogo francês Michel Authier, "o sentido de um documento está menos nele próprio do que nas pessoas que o consultam"[3]. Isso quer ratificar que os vários sentidos de um documento vêm, sobretudo, dos interesses de quem o consulta e que, dessa forma, no sentido inverso, o mapeamento da afluência de grupos de usuários a um determinado tipo de informação pode revelar muito sobre cada indivíduo e seus pares. Estamos falando aqui da importância da construção do *perfil* do usuário, termo que, com o advento da *web*, passou a ter significado e uso mais amplo do que o atribuído pelos departamentos de RH. Na Internet, não temos uma identidade, mas um perfil[4] (Costa, 2002). Com a

---

[3] Michel Authier é conhecido por seus trabalhos filosóficos com Pierre Lévy e também por seus estudos matemáticos, sobretudo pela invenção do algorítmo do mecanismo de busca por proximidade chamado *Umap* e das *Árvores de Conhecimentos*.
[4] *Tracking* de *cookie* ou número IP-*Internet Protocol*.

explosão da *web*, no início dos anos noventa, muitos foram os *sites* que começaram a utilizar a declaração do perfil de cada usuário para uma série de operações: oferta de produtos, de notícias, de programação nos veículos de mídia, endereçamento de perguntas, encontro de parceiros etc.

Já na virada do milênio, o desenvolvimento da tecnologia de agentes inteligentes permitia mapear os perfis de usuários da *web* de maneira dinâmica, acompanhando suas atividades e aprendendo sobre seus hábitos. Essas novas ferramentas trabalham hoje não apenas orientadas por palavras-chave, mas também relacionando as consultas realizadas por todos os usuários em sua base de dados. Isso é feito com a finalidade de se encontrar padrões que possam auxiliar o próprio sistema na sua relação com os usuários, antecipando a oferta de produtos e serviços (Costa, 2002).

Um dos casos mais interessantes e conhecidos desse tipo de tecnologia que funciona no ciberespaço, é o que auxilia as pessoas a selecionarem filmes, livros, programas televisivos e shows a partir, exclusivamente, da correlação entre os gostos pessoais de vários usuários (Maes, 1997). O *site* mais conhecido que possui esse tipo de agente inteligente é o da livraria Amazon.com. Todos aqueles que já o consultaram à procura de um título, tiveram a oportunidade de receber como sugestão do *site* uma lista de quatro a seis outros títulos que também interessaram a outras pessoas que compraram o livro ou produto em questão. Essa lista é produzida a partir do rastreamento feito por um agente inteligente que constrói um perfil dinâmico da pessoa, tendo como referência o que ela adquire através do *site* (como livros, CDs, vídeos, brinquedos etc.). Dessa forma, é possível apresentar uma lista de sugestões ao usuário, com base naquilo que outras pessoas de perfil semelhante ao dele compraram. Trata-se da construção de padrões de interesse, a partir dos quais indivíduos que compartilham os mesmos gostos funcionam como um padrão para indicações interessantes, que podem ser cruzadas dentro de um mesmo grupo (Costa, 2002).

Essa técnica de rastreamento das atividades dos usuários é usada também em sites como o *Abuzz.com*, do NYTimes, uma comunidade virtual que funciona em torno de perguntas e respostas enviadas por seus participantes. O agente inteligente de Abuzz acompanha cada usuário em suas atividades, construindo um perfil de acordo com sua perguntas e respostas, com os temas tratados, com a freqüência de suas ações etc. Isso permite à ferramenta endereçar adequadamente perguntas para aqueles que mais se aproximam do perfil dos que podem responder.

Um outro exemplo do que está sendo dito, mas agora fora do campo da *Internet*, é o da TV digital interativa. A empresa líder no mercado mundial, OpenTV, desenvolveu um pequeno agente inteligente que é capaz de traçar a *silhueta* de uma pessoa através de sua ação cotidiana sobre o controle remoto. Nesse caso, o agente constrói a silhueta rastreando a ação pura e simples do telespectador junto ao televisor. Ele atua registrando e associando vários fatores automaticamente: os momentos em que a pessoa assiste a TV, os programas que ela assiste e, o mais importante, o ritmo de mudança de canais. De posse desses dados, o agente consegue estabelecer, para uma família usual (quatro ou cinco pessoas), os hábitos televisivos dos adultos homens e mulheres e das crianças. Ou seja, ele constrói um conjunto de padrões de comportamento, a partir das ações dos próprios usuários. Isso significa que, *a priori*, não há tabela de padrões para ele se orientar. Com o tempo, ele consegue reconhecer cada um no momento mesmo em que liga a TV, e pode assim oferecer ao usuário alguma sugestão (Costa, 2002).

### *Rastreando o planeta - o projeto TIA*
**(Total "Terrorism"Information Awareness)**

É toda essa tecnologia que vem sendo ultimamente incorporada pelos mais recentes projetos que alimentam a sociedade de controle. Um exemplo importante, e recente, é o projeto americano TIA, que propõe abertamente capturar a "assinatura-informação" das pessoas. Através desta captura, o governo poderia rastrear terroristas potenciais e criminosos envolvidos em tipos de crimes contra o Estado de difícil detecção[5].

A estratégia do projeto é rastrear indivíduos, coletando tanta informação quanto possível, pela utilização de *softwares* inteligentes e de análise humana para detectar suas atividades potenciais. O projeto está investindo no desenvolvimento de uma tecnologia revolucionária, com o objetivo de armazenar uma quantidade enorme de todo tipo de fonte de informação, associando essas múltiplas fontes, para que se crie um "grande banco de dados, virtual e centralizado". A diferença aqui é que essa grande memória seria alimentada a partir das transações contidas em diversos bancos de dados, tais como os registros financeiros, registros médicos, registros de comunicação, registros de viagens etc. Com esse material, o rastreamento das informações será possível, assim como a construção de padrões e associações entre os dados. O reconhecimento de padrões está diretamente ligado à mudança nos métodos de controle das ações individuais.

Ora, aquilo que na *web* é a construção de um perfil dinâmico de usuários com fins comerciais, que serve para alimentar a sociedade de controle *light* do *marketing*, agora no TIA passa a ser a construção do *perfil total*, que será o resultado do cruzamento das ligações telefônicas de um indivíduo (sua origem, destino, data e duração), as despesas efetuadas em cartões de crédito (quanto, onde, quando) e, a partir destas, as operações comerciais mais diversas. O que o projeto almeja, com esse esforço, é a produção de uma *visão* dos padrões de comportamento de amostras da população. O objetivo básico é auxiliar analistas a compreenderem e mesmo preverem uma ação futura, no caso, uma ação terrorista. Mas o mais importante é que, diferentemente da estratégia de interceptação de mensagens que já conhecemos no Echelon, onde o que se procura de forma direta são conteúdos específicos associados

---

[5] Ver dois *sites* importantes para informações sobre as ações de controle dos EUA: http://cryptome.org e http://www.epic.org/privacy/profiling/tia/

a pessoas específicas, no TIA o processo seria em princípio indireto, pois é pelo negativo dos padrões que se intercepta um comportamento suspeito. E com a implantação de um tal projeto, chegamos definitivamente à modulação contínua da sociedade de controle de que nos fala Deleuze, visto que deixamos de olhar para as informações como associadas a indivíduos, e sim como relacionadas entre si dentro de um quadro maior. É justamente essa amostra ou conjunto de dados que deve ser modulado.

*Da identidade ao código*

Quando assinamos um documento, um cheque, estamos imprimindo ali nossa identidade. A assinatura, historicamente, sempre foi o signo maior da identidade pessoal. O CPF, que é o número de registro numa massa, assegura ao indivíduo seu estatuto de existente regulamentado. Com a sociedade de controle, a assinatura é posta em dúvida, deve ser verificada, e o CPF é usado para checar seus movimentos financeiros. Porém, o controle inventa ainda seus próprios dispositivos: o código e a senha no lugar da assinatura. A diferença é que a assinatura é produzida pelo indivíduo, e o código é produzido pelo sistema, *para* o indivíduo: por isso é dito intransferível, pois como não foi feito pelo homem, como sua marca própria e singular, pode ser passado a outro.

É interessante notar como nos cartões de crédito a operação de débito automático requer o uso de senha, enquanto a operação de crédito, pelo menos por enquanto, requer a assinatura (além do número do cartão). A senha é checada na hora porque estamos acessando o sistema, enquanto a operação de crédito é realizada apenas posteriormente. Acontece que muitas vezes, mesmo sem motivo aparente, sua senha é recusada! Não há nada a fazer, você não é mais você para aquela operação, mesmo que continue sendo você para pagar de outra forma. Você é você para algumas coisas, e não é você para outras... porque sua senha num sistema não foi aceita. Esse é o conceito de modulação universal de que nos fala Deleuze, onde o indivíduo passa a ser *divisível*, ora podendo, ora não podendo. Na verdade, a modulação ocorre sobre um conjunto ou grupo de códigos, o indivíduo podendo ou não ter acesso a um serviço liberado pelo sistema (*overbooking*, rodízio de carros, sistema *pay-per-view*, acesso a provedor...).

Também do ponto de vista da geografia, o código vem substituindo gradativamente a identidade. As noções de identidade e corpo físico sempre estiveram associadas uma a outra. Com o advento do espaço urbano partilhado administrativo, há a emergência de um duplo do corpo: o sistema numérico que nos identifica. Assim, o telefone, o cartão de crédito, o número da previdência permitem, cada vez mais, expandir ou restringir nossa mobilidade no espaço físico. Hoje já temos a clareza de estarmos vivendo sob um novo conceito: o de *ser humano em rede* (Boullier, 2000).

Numa sociedade disciplinar, atrelada ao espaço físico, um indivíduo era referenciado através de seu endereço postal, que remetia a um lugar físico que não era mais que um ponto numa rede geográfica de longa duração. Hoje, um habitante se define como inscrito numa rede variável, onde a prova de domicílio não é mais o título de propriedade ou o pagamento de aluguel, mas a fatura de água, de eletricidade ou gás, de telefone etc. É nossa inscrição nessas redes, nosso estatuto de consumidor de fluxos técnicos, que servem como prova jurídica de nosso pertencimento espacial (Boullier, 2000). Somos humanamente definidos como membros de múltiplas redes.

As redes sociotécnicas são muitas: água, transportes, comércio, telecomunicação, telefonia, comunicação, tv, jornal, computação, *web*, portáteis. Estamos dentro de muitas redes simultânea e permanentemente. *Always on and everywhere* (Rheingold, 2002). Na cidade digital, em casa ou no trabalho, pelo fato dessas redes estarem interconectadas, podemos acessar múltiplos serviços sem a necessidade de nos deslocarmos. Temos entrega de produtos, pagamentos tipo *homebanking*, serviços públicos, trabalho e muitas outras ações possíveis, pelo simples fato de que a cidade está digitalizada.

Por outro lado, em trânsito, temos acesso à cidade digital via cartões multiserviços, terminais eletrônicos, aparelhos portáteis. Uma nova lógica, portanto, está em curso, no que diz respeito aos deslocamentos e acessos.

Não esqueçamos, no entanto, que essa ubiqüidade dos seres só é possível por causa do dinheiro eletrônico. Ele representa mais uma mutação do capitalismo, pois, se o dinheiro papel é caro e sem controle em sua circulação, o dinheiro eletrônico, além de reduzir os custos, acaba gerando mais controle sobre os indivíduos e a circulação do capital. O papel moeda é anônimo, o dinheiro eletrônico não. É o caso do imposto CPMF criado no Brasil, através do qual é possível controlar toda a circulação financeira digital do país.

Outro aspecto fundamental da modulação na geografia é o monitoramento da localização de portáteis. É uma realidade para usuários de celulares ou *palms*. Eles funcionam através do sistema GPS (Global Positioning System) e de redes celulares[6]. Segundo Pfeiffer (2004) "os consumidores terão à sua disposição um conjunto de tecnologias trabalhando juntas para assegurar que alguém ou alguma rede sempre saiba onde você está, o que você está procurando e aonde você precisa chegar". Pense nisso, diz ele, "como um *Big Brother* consentido – um irmão mais velho com bom senso de direção". Em princípio, essa localização funcionaria para que os usuários pudessem solicitar serviços diversos, como o restaurante mais próximo, cinemas, estações de metrô, mapas e informações sobre a área em que se encontra. O serviço de emergência, 911, já teria inclusive uma lei de obrigatoriedade de localização automática, para facilitar a chegada de socorro. Mas os usuários podem também optar por receber mensagens de *marketing*. Com isso, estando numa área próxima a um certo comerciante, é possível receber uma promoção exclusiva, personalizada, pela noção de o usuário se encontrar próximo do ponto de venda.

[6] O Departamento de Defesa dos Estados Unidos lançou o GPS em 1978 para possibilitar o bombardeio com armas de precisão.

Bem, se somarmos a isso todos os sistemas de vigilância por câmeras, disponíveis para os departamentos de trânsito, estaremos finalmente desembarcando no mundo do filme *Minority Report*, onde a grande questão não é simplesmente antecipar os crimes do futuro, mas estabelecer essa modulação contínua, no presente, de todos os comportamentos, com os indivíduos não sendo mais que pontos localizáveis numa série de redes que se entrecruzam. Assim, só resta aos usuários controlar todo o tempo as informações pessoalmente identificáveis, fornecidas ao sistema continuamente. Como nos alerta Deleuze (1990a), "diante das próximas formas de controle incessante em meio aberto, é possível que os mais rígidos sistemas de clausura nos pareçam pertencer a um passado delicioso e agradável".

# Estilo e criação filosófica:
## Apontamentos sobre a constituição de novos meios de expressão filosófica, O *abecedário* de Gilles Deleuze.

Jorge Vasconcellos

UGF

Gilles Deleuze, no prólogo de seu livro *Diferença e Repetição*, reivindica, à filosofia, a pesquisa de novos meios de expressão filosófica. Ele nos diz: [...] *Aproxima-se o tempo em que já não será possível escrever um livro de filosofia como há muito tempo se faz: "Ah! O velho estilo..."* A pesquisa de novos meios de expressão filosófica foi inaugurada por Nietzsche e deve prosseguir, hoje, relacionada à renovação de outras artes, como, por exemplo, o teatro e o cinema (1988a, p. 18-19). Em seu estudo sobre Nietzsche (1990c), Deleuze defende a tese de que teria sido o pensador alemão o reintrodutor na filosofia do aforismo e do poema. O discurso acadêmico universitário, entretanto, parece ter verdadeira aversão por estas formas, principalmente em se tratando de suas manifestações marcadamente institucionais, como, por exemplo, a dissertação ou a tese filosófica e procura quase sempre mostrar que são no mínimo inadequadas à prática do pensar rigoroso em filosofia. No entanto, Deleuze, em seu *Nietzsche*, faz uma enfática defesa tanto do poema quanto do aforismo enquanto meios de expressão filosófica:

> *Nietzsche integra na filosofia dois meios de expressão: o aforismo e o poema. Estas mesmas formas implicam uma nova concepção da filosofia, uma nova imagem do pensador e do pensamento. Ao ideal do conhecimento, à descoberta do verdadeiro, Nietzsche substitui a* interpretação *e a* avaliação. *Uma fixa o "sentido", sempre parcial e fragmentário, de um*

> *fenômeno; a outra determina o "valor" hierárquico dos sentidos e totaliza os fragmentos, sem atenuar nem suprimir a sua pluralidade. O aforismo, precisamente, é ao mesmo tempo a arte de interpretar e a coisa a interpretar; o poema é ao mesmo tempo a arte de avaliar e a coisa a avaliar.*
> (1990c, p.17)

Aqui, Deleuze não só elabora a crítica à imagem dogmática do pensamento, como também estabelece os princípios do perspectivismo nietzschiano. Em *Nietzsche e a filosofia* (1976b), Deleuze apresenta as três teses essenciais que constituem a imagem dogmática do pensamento. A primeira nos diz que o pensador, enquanto tal, quer e ama o verdadeiro – a veracidade do pensador; crê que o pensamento possui formalmente o verdadeiro – o inatismo da idéia, o *a priori* dos conceitos e afirma que pensar é o exercício natural de uma faculdade, basta pensar *verdadeiramente* para pensar com veracidade – a natureza reta do pensamento, o bom senso universalmente compartilhado. A segunda tese nos diz que somos desviados do verdadeiro por forças estranhas ao pensamento (corpo, paixões, interesses sensíveis), que nos fariam cair no erro, tomar o falso pelo verdadeiro – o erro como efeito das forças externas que se opõem ao pensamento. A terceira nos diz que, para pensar, precisamos apenas de um método: que nos faça pensar bem e verdadeiramente. A reversão dessa imagem dogmática do pensamento é, para Deleuze, a tarefa da filosofia. Ainda segundo Deleuze, Nietzsche, em sua filosofia, reverteu essa imagem moral do pensamento e propôs uma nova ao introduzir as noções de sentido e valor no exercício do pensar. Logo, pensar não é o exercício natural de uma faculdade, pois o pensamento não pensa sozinho e por si mesmo, como também não é perturbado por forças que lhe permaneceriam exteriores. Pensar depende, necessariamente, das forças que se apoderam do pensamento. No entanto, o perspectivismo como doutrina que retira do mundo toda possibilidade extraperspectiva do conhecimento é sempre interpretativo e avaliativo, colocando, desse modo, em questão a possibilidade do conhecimento verdadeiro. Nesse sentido, estaria então, colocado em xeque um certo modelo de verdade e seus desdobramentos – a invenção de um Mundo-Verdade – em decorrência da posição do filósofo frente ao conhecimento e a linguagem. Além disso, esse perspectivismo é ativado por Nietzsche em uma contundente crítica à linguagem. O filósofo, constituiu estratégias "linguageiras" para pensar filosoficamente. Estratégias estas que, por vezes, parecem fugir ao rigor, principalmente para o leitor desatento, quando se confronta com as formas canônicas da escrita filosófica.

O procedimento nietzschiano de constituição de práticas *linguageiras* pode ser evidenciado em sua obra magna, a qual foi escrita fora desse que seria o padrão acadêmico por excelência, a dissertação filosófica.

O *Zaratustra* de Nietzsche (apenas para citar um célebre exemplo), utiliza-se da forma poemática para ganhar expressão filosófica, assim como, para continuarmos com o filósofo alemão, *Aurora* e *Além de Bem e Mal*, fazem uso do aforismo; por sua vez, *Genealogia da Moral* foi escrita na tradicional forma dissertativa. É duvidoso pensar que Nietzsche não tivesse uma clara intenção estratégica no plano da *escritura* ao escolher *os estilos* para a confecção de seus livros. Contudo, o *Zaratustra* é um livro único na história da filosofia e, em certa medida, fez de Nietzsche um filósofo extremamente singular, tanto no plano estrito de sua filosofia quanto no modo segundo o qual esta filosofia é expressa que, como aqui defendemos, lhe é indissociável. Vejamos.

Se escolhermos dentre os considerados principais pensadores da história da filosofia, e trabalharmos com aqueles que apontaríamos como seus principais livros, destacaríamos, por exemplo, os seguintes filósofos e suas obras consideradas mais significativas: Platão e *A República*; Aristóteles e a *Metafísica*; Agostinho e suas *Confissões*; Tomás de Aquino e a *Súmula Teológica*; Descartes e as *Meditações*; Espinosa e sua *Ética*; Kant e *As Críticas*; Hegel e *A Fenomenologia do Espírito*; e também Marx com seu monumental *O Capital*. Estes filósofos poderiam ter se tornado célebres, arrisco dizer e, talvez, tão importantes para a história do pensamento, mesmo que não houvéssemos conhecido mais nenhuma outra de suas obras. Creio que a mesma hipótese não se aplica a Nietzsche. Isto porque, se tivéssemos tido acesso apenas ao *Zaratustra* (esta é a nossa hipótese) Nietzsche, talvez, não seria reconhecido, mesmo hoje, como um filósofo. Leríamos, possivelmente, esta obra-prima do pensamento filosófico como um belíssimo poema em prosa, como de fato ele o é, mas outrossim, obra filosófica fundamental. Contudo, fazer o *Zaratustra* soar filosoficamente, a nosso ver, depende das inserções e cruzamentos que precisamos fazer com seus demais livros e situá-lo no contexto da obra nietzschiana, além de produzir uma interpretação ou assumir aquela que mais lhe convir, seja deleuziana ou heideggeriana. Entretanto, de modo algum, isto enfraquece a obra de Nietzsche. Ao contrário, a força de seu pensamento está justamente em sua capacidade inventiva, ao dar soluções tanto no plano do pensamento quanto no da linguagem às questões centrais da filosofia, tornando indiscerníveis a dupla face do filosofar: o fazer e o escrever filosofia.

Em Nietzsche, cada palavra, cada frase, cada entonação na tentativa de expor, com clareza e precisão suas idéias e pensamentos possui o sentido de um gesto: escrever como quem *marca* passos, escrever como quem baila[1]. Nietzsche faz de seu estilo de escrita, em cada um de seus livros, uma forma de expressão muito mais próxima da dança do que propriamente da literatura ou da escrita literária: o estilo nietzschiano é o estilo do *gestus*.

Deleuze, ao pensar o estilo em filosofia, remete-se necessariamente a Nietzsche. Todavia, o pensador francês, a nosso ver, fez do problema do estilo da escrita filosófica um dos temas mais importantes de seu pensamento, tanto no sentido

---

[1] Afinal, a própria idéia de estilo tem, etimologicamente, o sentido de 'marca', isto é, marcar de modo pessoal.

estritamente literário da construção de seu texto filosófico, quanto também no sentido estratégico de sua *démarche* filosófica: escrever para Deleuze é arte e guerra, vergar o arco e empunhar a lira. Pensar o estilo em Deleuze é implicar, conceitualmente falando, duas noções e um conceito de sua filosofia: as noções de *gagueira* e *modulação* e o conceito de *linha de fuga*.

As noções de gagueira e modulação vêm no bojo do conceito deleuziano de linha de fuga, talvez o mais importante para entendermos o devir-filosófico da literatura em Gilles Deleuze. Gaguejar é ruminar a língua e fazê-la variar em seus campos de significação, assim como modular é colocar movimento nas coisas, no caso, pôr movimento nas estruturas da linguagem, tornando-as maleáveis, *linguageiras*. Afirmamos, com Nietzsche e Deleuze que, todo escritor, ou melhor, todo grande escritor, é um *inventa-línguas*. Não só um renovador do vernáculo, mas um desconstrutor da gramática, logo um fazedor de signos. Gaguejar e modular são facetas das miríades de variações possíveis, (e por que não dizer improváveis) em uma língua, lançadas por um escritor. Estas variações moduladas, pela produção de uma gagueira na língua, implicam na constituição de novos territórios lingüísticos, e nas linhas de fuga à língua dominante, ou seja, à língua maior. É, de fato, a criação de uma língua menor no ventre de uma língua maior. Esclareça-se que as designações de uma língua maior e de uma língua menor nada têm a ver com uma suposta superioridade no plano lingüístico ou gramatical, pois, não se trata de um conceito semiológico, de um conceito ético-político. Além disso, é constituidor de resistências ao poder exercido de uma maioria sobre uma minoria. A qual se faz expressar emblematicamente em uma língua menor, fazendo dela, por intermédio de seus escritores, uma literatura menor. Então, é possível dizer que o cerne da problemática deleuziana, acerca do literário e da literatura, não é a produção de uma língua menor em detrimento de uma língua maior, mas a constituição de uma literatura menor como forma de resistência à língua maior, tornando-a nômade, desterritorializando os *poderes* da gramática, de modo a tratar novos territórios e utilizar linhas de fuga... De fato, estamos diante do que Deleuze chama de devir-filosófico da literatura.

Um texto exemplar, em que este conceito de linha de fuga é trabalhado por Deleuze, está presente em seu livro sobre Kafka (1977), escrito em parceria com Félix Guattari, a partir da idéia de literatura menor. O que os autores defendem como uma literatura menor, como dissemos, não é necessariamente aquela escrita em uma língua menor, mas a constituição de um processo de desterritorialização de uma língua, i. é., fazê-la modular, provocar uma mudança de sentido no seio da própria língua. Dito de outro modo, a literatura menor se faz quando há uma apropriação da língua por uma minoria sobre aqueles que o julgam subordiná-los. Diz em Deleuze e Guattari:

> *Uma literatura menor não é a de uma língua menor, mas antes a que uma minoria faz em uma língua maior. No entanto, a primeira característica é, de qualquer modo, que a língua aí é modificada por um forte coeficiente de desterritorialização. Kafka define, nesse sentido, o beco sem saída que barra os judeus em Praga o acesso à escritura e que faz da literatura deles o impossível: impossibilidade de não escrever, impossibilidade de escrever em alemão, impossibilidade de escrever de outra maneira. Impossibilidade de não escrever, porque a consciência nacional, incerta ou oprimida, passa necessariamente pela literatura (...).* (1977, p. 25)

Segundo Deleuze, todo escritor, ou melhor, todo grande escritor escreve sempre, realmente, em uma língua menor – produz uma literatura menor – mesmo que ele escreva em sua própria língua, como por exemplo o que fazem Lawrence e Müller em inglês e Céline em francês. Por sua vez, Kafka, judeu tcheco, escreve em alemão, assim como, Beckett, irlandês, escreveu inúmeras vezes em francês. Dessa forma, tensiona-se a língua, cria-se uma língua dentro da própria língua, fazendo-a fabular, isto é, re-escreve-se a linguagem. Nesse tocante, Deleuze não faz nenhuma menção à possibilidade de uma hierarquização entre a literatura e a filosofia, como pensa Clément Rosset[2], é possível dizer, no plano da *escritura*, que a filosofia é apenas mais um gênero literário, como o é a literatura, basta pensarmos no romance, no conto e na poesia; o teatro, como palavra encenada; e o cinema como no roteiro a ser filmado.

Deleuze, à guisa de discutir a literatura em suas linhas de força e suas inflexões literárias mais aproximadas a seu pensamento, tematizou de modo radical a escrita literária e a produção da *escritura* filosófica. Isto porque, segundo o pensador, por mais óbvio que isto nos pareça, todo filósofo é necessariamente um escritor, isto é., ele reinventa a cada livro a obra em curso, fazendo da prática da escrita um campo de experimentações. Ainda que, muitas vezes, seus textos possam parecer tradicionais, alguns autores filosóficos fazem desse campo de experimentação da linguagem um lugar privilegiado de seu pensamento, como é o caso de Nietzsche. Voltamos a ressaltar que o tema da produção do estilo, da construção da marca pessoal, do processo de singularização da palavra é um dos temas mais caros ao pensamento deleuziano. Além disso, é uma preocupação recorrente em suas próprias obras, que se manifesta muito mais nos textos de intervenção e em suas

---

[2] Rosset trata, em dois de seus livros, das relações entre escrita e filosofia Gênero "ficção-filosófica": "Parece-me impossível, ou pelo menos ilusório, considerar que os textos filosóficos escapam, em função de seu caráter reflexivo, ao domínio geral da literatura; domínio do qual eles constituem um caso particular, sem dúvida [...] mas ao qual eles pertencem de fato, pela simples razão de que são, como um romance, uma poesia, uma peça de teatro, exclusivamente constituídos de palavras" (1995, p. 62-63). Para Rosset, uma obra filosófica a que falte clareza é inferior não somente do ponto de vista literário como também do ponto de vista filosófico. "Tais obras, se testemunham uma indiscutível invenção filosófica, não apresentam a clareza de expressão (ou a clareza intelectual) necessária para suscitar uma adesão sem reticências" (1995, p. 66). Por sua vez, a idéia de gênero filosófico é bastante interessante, pois segue a seara aberta por Nietzsche, com seu perspectivismo, ao afirmar que, ao fim e a cabo, *tudo é ficção*, inclusive a filosofia, segundo Rosset (1999, p. 54).

conversações. Entretanto, é possível destacar em vários de seus livros, ao longo de quatro décadas de trabalho (os anos 1960, 1970, 1980 e os derradeiros 1990), o aparecimento da temática da reinvenção da escrita, por exemplo, na citação, que abre este texto, de *Diferença e Repetição*, obra de 1968, acerca de novos meios de expressão filosófica. Neste livro, que é, na verdade, sua tese de doutoramento em Filosofia[3], Deleuze, sem abdicar do rigor e da precisão da escrita acadêmica e das exigências que um trabalho de conclusão de curso – que seria avaliado por uma banca – mostra já nesta obra sua vocação para as invenções que a linguagem filosófica pode comportar, construindo um texto elegante ao implicar praticamente toda a história da filosofia em uma espécie de jogo de forças entre as noções de Identidade, Pensamento Moral e Metafísica *versus* Diferença, Repetição e Devir. A filosofia francesa, neste momento, iniciava um processo de renovação. Mas como o próprio Deleuze nos sugere, todo início de renovação e mudança sempre se faz de maneira tímida; seria em *Lógica do Sentido*, publicado no ano seguinte, 1969, que começaria o projeto de reinvenção da escrita filosófica, de torná-la *escritura* propriamente, conforme Deleuze.

*Lógica do Sentido* é um belo livro. Completamente inusitado pelas conjunções que seu projeto apresenta: formular uma lógica discursiva, que não é a da significação, calcada na idéia de paradoxo. Para levar esse projeto a cabo, Deleuze se vale dos jogos de linguagem de Lewis Carroll, da filosofia estóica, da psicanálise de Jacques Lacan, do pensamento de Antonin Artaud e em última instância de Nietzsche. Um livro pensado/escrito a partir da noção de *séries*, fluxos contínuos de planos conceituais articulados a idéias, em que o fio condutor são as estrepolias de

---

[3] Na Academia francesa de então vigorava o chamado *Doutorado de Estado*, quando o candidato além de apresentar a tese principal, no caso de Gilles Deleuze *Différence et Répétition*, era necessário a apresentação de um trabalho secundário, quando Deleuze escreveu *Spinoza et le problème de l'expression*, publicado simultaneamente a *Diferença e Repetição*, em 1968, ambos pela Éditions Le Minuit de Paris.

*gilles deleuze: sentidos e expressões* 55

Alice no país das maravilhas e a lógica dos incorporais dos estóicos, segundo a leitura de Émile Bréhier[4]; além das inserções do próprio Deleuze à literatura. O que então o filósofo pretende? Pensar a superfície, isto é, o Acontecimento. Em contraposição às profundidades pré-socráticas ou às alturas platônicas, uma nova imagem de filósofo nascia com os sofistas, os estóicos, e ressurgia em Nietzsche; afinal, como dizia Whitman, o mais profundo é a pele. Neste livro, Deleuze leva a cabo uma experimentação de linguagem, fazendo da obra um projeto de *escritura* que chamamos de "quase-literatura"[5], e também por que não, um vigoroso texto filosófico.

Por sua vez, em *Proust e os signos*, livro inicialmente escrito em sua primeira versão na década de 1960, e posteriormente publicado em uma edição revista e ampliada pelo autor em 1974, Deleuze discorre sobre o sentido da obra de arte na escrita proustiana e evoca a materialidade criadora que se faz a partir do próprio estilo da escritura:

> *O verdadeiro tema de uma obra não é o assunto tratado, sujeito consciente e voluntário que se confunde com aquilo que as palavras designam, mas os temas inconscientes, os arquétipos involuntários, dos quais as palavras, como as cores e os sons, tiram o seu sentido e a sua vida. A arte é uma verdadeira transmutação da matéria. Nela a matéria se espiritualiza, os meios físicos se desmaterializam, para refratar a essência, isto é, a qualidade de um mundo original. Esse tratamento da matéria é o "estilo".* (1987, p.47)

---

[4] O livro de Émile Bréhier (1989) seria fundamental a toda geração de Deleuze, entre outros Foucault, Derrida e, mesmo anteriormente, Jacques Lacan devem, muito de certas posições em seus pensamentos ao pequeno grande livro de Bréhier.

[5] É preciso que se diga que esta nossa idéia, batizada de *quase-literatura*, não implica nenhum signo de falta ou mesmo de inacabamento. Trata-se, isto sim, de uma espécie de zona de fronteira, no tocante ao estilo deleuziano, que seria mais tarde levado à sua radicalidade, como procuraremos mostrar, em *Mil Platôs* (1995-97), a intercessão entre a filosofia e a literatura.

Na década de 1980, esta preocupação acerca das vicissitudes do estilo também está presente em Deleuze, como, por exemplo, em *Mil Platôs*[6], onde o filósofo ao discutir as relações entre língua e linguagem, ele em parceria com Félix Guattari, empreende com o segundo volume do projeto Capitalismo e Esquizofrenia, oito anos após a publicação do incendiário *Anti-Édipo* (1995a), o que ambos denominam de uma teoria das multiplicidades. Nesta obra, Deleuze aparentemente abandona a categoria central de seus livros anteriores, a idéia de diferença, para tratar das multiplicidades, constituídas por platôs, figuras topológicas intercambiáveis que podem ser alcançadas (lidas) em qualquer ordem. Temos aqui a radicalização da idéia, estilisticamente já proposta em *Lógica do Sentido*, de séries. Às séries de uma lógica do sentido, instauram-se então os platôs de uma teoria das multiplicidades. *Mil Platôs* pode ser lido como o célebre romance de Julio Cortázar (1963), *Rayuela*, em que podemos começar a ler a história a partir de qualquer um dos capítulos numerados pelo autor, não perdendo com isso o sentido. O mesmo procedimento de acesso pode ser utilizado pelo leitor da obra de Deleuze e Guattari. Os platôs partem de uma introdução geral, o rizoma, para em seguida se operar uma radicalização da proposta iniciada em *Lógica do Sentido* (1974), constituir um verdadeiro Tratado de Filosofia, mas em tudo distinto de um tratado filosófico, até então empreendido na história do pensamento. Ele é não totalizante, não busca totalizar o real; seus argumentos, apesar de poderosos, não são encadeados em ordens de razões; sua articulação conceitual funciona em teia, em rede, não em escala; ele é não teleológico, não almeja finalismos; e, também, não fechado em sua estrutura, mas sim, aberto em sua construção. *Mil Platôs* é um texto de invenção filosófica, tanto no plano programático: o que ele propõe, com sua teoria das multiplicidades; quanto em sua

---

[6] *Mil Platôs*, na edição brasileira a obra foi dividida em 5 livros, sendo que a temática por nós ensejada encontra-se no volume 2, especialmente nos capítulos intitulados: *Postulados da lingüística* e *Sobre alguns regimes de signos* (Deleuze e Guattari, 1995c, p.11-59 e p.61-107, respectivamente).

*escritura*, nas *in-disposições* dos platôs. Em *Mil Platôs*, estamos diante de um texto *quase-literário*, isto é., trata-se de um livro filosófico, escrito não só com verve literária, mas, principalmente, escrito literariamente, sem abdicar do rigor e da precisão do conceito. *Mil Platôs* é um livro de *ficção-filosófica*.

Por fim, já na década de 1990, para continuarmos enfocando apenas seus livros publicados, a problemática do estilo da escrita literária e filosófica é tematizada especialmente em *O que é a filosofia?* (1992), uma das obras de sua fecunda parceria com Félix Guattari. Nesta obra, Deleuze e Guattari apresentam a filosofia a partir de uma idéia-força: tanto a filosofia, como a ciência e a arte são expressões do pensamento, sendo que cada uma dessas expressões do pensar possui suas especificidades. A filosofia produz, inventa, cria conceitos – o utensílio do filósofo; a ciência, produz funções, as articulações dos cientistas; e a arte engendra *perceptos* e *afectos* – novas percepções e ângulos do real que são expressos por meio do que Deleuze e Guattari chamam de monumento, a produção dos artistas. A especificidade da filosofia é a invenção de conceitos, produção que surge de uma investigação problemática, pois todo conceito é, em última instância, a ferramenta com a qual o filósofo enfrenta os problemas filosóficos. Isto porque, a filosofia está sempre, de um modo ou de outro, a colocar problemas. Um filósofo não discute questões, mesmo quando questões são discutidas pela filosofia: ele desafia o senso comum, reorientando a marcha habitual da inteligência, sendo forçado por isso a pensar. Pois, segundo Deleuze e Guattari, a filosofia não é contemplação, reflexão, muito menos comunicação. Filosofar é criar conceitos e erigir problemas.

Nesse sentido, a produção de conceitos é a tarefa própria do filósofo, porém, estes conceitos podem ser inventados tal qual um romancista cria seus personagens. Estaríamos então diante dos personagens conceituais da filosofia. Daí, a necessidade do filósofo em preocupar-se não só com *o que* está sendo escrito; mas em *como* está sendo escrito, como já ressaltamos: é indissociável pensar e escrever filosofia. Dito isso... Defendemos a hipótese de que há uma insidiosa presença da questão do estilo em Deleuze, tanto em seus livros e, principalmente em suas intervenções, isto é, textos de ocasião, e em suas conversações, isto é, entrevistas e diálogos. Priorizaremos aqui os textos de intervenção e as conversações. Por dois motivos: primeiro, por ser nesses textos e falas, aqueles onde Deleuze mais discute o tema do estilo da escrita, tanto literária quanto filosófica; segundo, por um motivo estratégico à nossa própria hipótese de trabalho, pois esses textos e falas poderão ser vistos como exemplos privilegiados das novas formas de expressão filosófica que defendemos à filosofia, segundo Gilles Deleuze.

Nos textos de intervenção de Deleuze, os publicados em vida como livros[7]; *Diálogos* (1998), *Conversações* (1992) e *Crítica e Clínica* (1997), encontramos elementos auspiciosos para corroborar nossa hipótese da importância do estilo à filosofia deleuziana.

Em *Diálogos*, Deleuze associa a questão do estilo aos devires imperceptíveis que atravessam a vida, por intermédio de atitudes que só podem ser expressas pelo estilo: estilo de escrever, estilo de viver. Evocando um modo de fazer filosofia, que passa, necessariamente, pela construção do texto, para além das palavras e de seus significados, para aquém do sentido e de seus destinos. O texto é a palavra construída e a constituição do sentido em filosofia, engendrando, por conseguinte, novas maneiras de ler e, talvez, de escrever. Sem metáforas, já que estas são servas da significação. Sem opiniões, já que estas são devedoras do senso comum. Escrever e ler, para Deleuze, funcionam como o método de colagem em pintura: recolher vestígios, do que muitas vezes é considerado pela chamada alta

---

[7] Citamos aqui os textos e entrevistas publicados em vida como livro, pelo fato de que, recentemente [2002 e 2004], foram editados por David Lapoujade os textos de intervenção e conversações completas de Gilles Deleuze pelas Éditions de Minuit: *L'Île Déserte et Autres Textes: textes et entretiens 1953-1974* e *Deux Régimes de Fous: textes et entretiens 1975-1995*. Edições organizadas por Lapoujade (2002 e 2004, respectivamente).

cultura de lixo, para lhes empreender novo sentido – reinventar a língua. Todo filósofo é escritor, logo todo filósofo é um *inventa-línguas*. Então, nesse processo de resignificação das palavras, transformadas em conceitos – as ferramentas da filosofia –, pode-se dizer que, deleuzianamente falando, todo filósofo, em certa medida, pode agir como um pintor. Não um pintor clássico, mas um artista pop. Reconfigurando sentidos, fazendo da filosofia uma arte *Pop*, melhor dizendo, uma *Pop 'filosofia:*

> *Os devires são o mais imperceptível, são atos que só podem estar contidos em uma vida e expressos em um estilo* [...]. *Criemos palavras extraordinárias, com a condição de usá-las da maneira mais ordinária, e de fazer existir a entidade que elas designam do mesmo modo que o objeto mais comum. Hoje dispomos de novas maneiras de ler, e talvez escrever* [...]. *A boa maneira de ler hoje, porém, é a de conseguir tratar um livro como se escuta um disco, como se vê um filme ou um programa de televisão, como se recebe uma canção: qualquer tratamento do livro que reclamasse para ele um respeito especial, uma atenção de outro tipo, vem de outra época e condena definitivamente o livro. Não há questão alguma de dificuldade nem de compreensão: os conceitos são exatamente como sons, cores ou imagens; são intensidades que lhes convêm ou não, que passam ou não passa. Pop 'filosofia. Não há nada a compreender, nada a interpretar. Gostaria de dizer o que é um estilo.* (Deleuze, 1993, p.11-12)

O estilo é o gaguejar na própria língua: "Conseguir gaguejar na própria língua, é isso um estilo" (Deleuze, 1998, p.12). O estilo em filosofia é, por sua vez, não só a gagueira, como também a modulação, colocar movimento no conceito: "Os grandes filósofos são também grandes estilistas. O estilo em filosofia é o movimento do conceito" (1992, p.175). O estilo é a forma pela qual conseguimos tensionar a língua, fazê-la contrair, de certo modo, produzir silêncio com as palavras. A constituição de uma nova língua no ventre da língua do escritor, fazendo com que este torne-se, assim, estrangeiro em sua própria língua: "Quando a língua está assim tensionada, a linguagem sofre uma pressão que a devolve ao silêncio. O estilo (é a) – língua estrangeira na língua [...]. O estilo é a economia da língua. Face a face, ou face e costas, fazer a língua gaguejar e ao mesmo tempo levar a língua, ao seu fora, ao seu silêncio." (Deleuze, 1997, p. 128)

Queremos, contudo, chamar a atenção para uma obra de Gilles Deleuze que não é propriamente um texto, trata-se da vídeo-conversação entre o filósofo e Claire Parnet, sua ex-aluna, realizado em 1989, por Pierre-André Boutang: *L'abécédaire de Gilles Deleuze* (1996). *O Abecedário* estaria mais próximo da idéia de uma conversação que propriamente dos textos de intervenção. Todavia, com características únicas. Não é uma entrevista, pois, não são perguntas ou questões lançadas pelo interlocutor, no caso, Claire Parnet, que faria Deleuze pensar. Trata-se de palavras iniciadas pelas letras do alfabeto que incitam o filósofo a divagar sobre aspectos de sua filosofia, por exemplo: "A" de animal; "B" de bebida; "C" de cultura; "D" de desejo; "F" de fidelidade; "H" de história da filosofia; "I" de idéia; "K" de Kant; "L" de literatura; "N" de neurologia"; "O" de ópera; "Q" de questão; "P" de professor; "T" de tênis; "U" de um; "V" de viagem; "W" de Wittgenstein; e "Z" de ziguezague; apenas para ficar naquelas letras e palavras que encontram correspondência em português e francês. À guisa de responder às provocações de sua interlocutora, Deleuze parece, à primeira vista, fazer uma espécie de resumo de sua obra, ou ainda, parece produzir alguns pontos-de-vista inusitados sobre temas que normalmente o filósofo não costuma mencionar, principalmente aqueles referentes à sua vida privada, às viagens não realizadas, às suas escolhas literárias, musicais, pictóricas e esportivas. O que faz então *O Abecedário* uma obra singular em relação às entrevistas do *Conversações* (1992) ou aos textos de *Crítica e Clínica* (1997)?

No *Abecedário*, o que se destaca não é propriamente a novidade das afirmações do filósofo frente à sua obra, não temos durante os 453 minutos de projeção nenhuma produção conceitual nova proposta por Deleuze, como acontece, evidentemente, em seus livros e, também inclusive, em seus textos de intervenção, como é o caso de seu artigo *Post-Scriptum sobre as Sociedades de Controle*[8], que hoje talvez seja seu texto mais citado, tendo influenciado decisivamente análises políticas radicais, como a de Toni Negri e Michael Hardt em sua monumental obra *Império* (2001).

O que faz d'*O Abecedário* uma obra única, e aqui insisti em apontar como obra este trabalho deleuziano, pois mesmo que às letras do abecedário e as palavras tenham sido propostas por Parnet, são as idéias de Deleuze que estão em jogo. Trata-se de mais uma obra de Gilles Deleuze. E como obra, apresenta um viés nietzschiano que citamos em nosso texto: escrever e falar muito mais como quem baila, do que propriamente como quem fala e escreve. Trata-se aqui da inflexão da voz, da postura, do olhar, da gestualidade do filósofo: seu *gestus*. Há, como que, uma dramaticidade nas expressões de Deleuze ao pontuar as palavras propostas. Sua casa e a sala que serviram de locações às filmagens, o figurino, isto é, sua blusa violeta, e até a maneira de segurar os óculos fazem sentido.

Deleuze era um grande professor, habituado a *reger* uma classe de mais de uma centena de estudantes, principalmente nos áureos tempos de Vincennes. Desenvolver uma exposição, escolar um bom exemplo, era prática em sua performance, capaz de encantar mesmos aqueles não familiarizados ao rigor exigido pelos estudos filosóficos. Em *O Abecedário*, este espírito de professor brilhante retorna ainda mais radical em interpretação de ator, um ator que não representa, um ator do pensamento. *O Abecedário* deleuziano é uma nova forma de expressão filosófica. Deleuze, em *O Abecedário*, faz *ficção-filosófica*. Em *O Abecedário* Deleuze faz Pop'filosofia.

---

[8] *Post-Scriptum sobre as Sociedades de Controle*, publicado inicialmente em *L'Autre Journal*, n° 1, maio de 1990 e depois em *Conversações* (1992, p. 219-226).

E mais, a todo o momento, no vídeo em que ele percorre os temas propostos, uma idéia se ressalta: a idéia de criação. Pensar é, antes de mais nada, criar. Produzir singularidade. Introduzir em si mesmo processos de diferenciação no plano da escrita, na maneira de agir, na forma de viver... Traçar linhas de fuga... Criar estilo, a criação de um estilo filosófico, ou ainda, o estilo de uma criação filosófica.

# da expressão da filosofia

Parte II

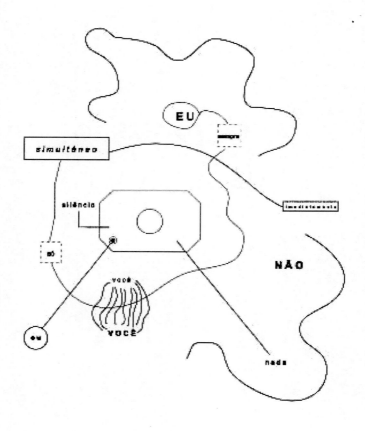

# Diagramação e processos de transformação[1]

Ricardo Basbaum

Procuraremos discutir aqui um caso particular de articulação entre texto e imagem – o *diagrama*. Mas o que queremos dizer com *diagrama*? De modo geral, um diagrama é um tipo de esquema visual, utilizado para explicar ou ilustrar uma declaração, teorema, ou teoria, o funcionamento do mecanismo de uma máquina, uma instalação hidráulica ou elétrica, uma estrutura matemática ou topológica, um processo orgânico, etc. Um diagrama sempre junta palavras e imagens, utilizando recursos gráficos para criar um dispositivo visual: linhas, formas, letras, palavras, símbolos, setas, pontos, planos, etc são aplicados a uma superfície de modo a representar relacionamentos e propriedades de estruturas dadas. Todo diagrama propõe um tipo particular de espaço (matemático, topológico, sociológico, filosófico, psicológico, geográfico, biológico...), determinando uma temporalidade específica, de acordo com o processo que tenciona representar. Assim, cada diagrama constitui uma estrutura espacial e temporal diferenciada, funcionando como um mediador entre o processo real descrito ou proposto e o campo conceitual que o suporta e lhe fornece consistência, de acordo com a área do conhecimento com o qual se relaciona.

Tentarei mostrar de que modo um diagrama pode implicar em transformações do espectador ao tomar parte, junto com um objeto de arte, de uma estratégia que o envolve em um

---

[1] Este texto integra a dissertação *Convergências e Superposições entre Texto e Obra de Arte*, apresentada na conclusão do Curso de Mestrado em Comunicação e Cultura, ECO/UFRJ, sob orientação do prof. Dr. Rogério Luz, em 1996. Dois outros capítulos desta dissertação foram já publicados: "Migração das palavras para a imagem", *Gávea*, nº 13, Rio de Janeiro, PUC, e "Pensar com arte: o lado de fora da crítica", em Mônica Zielinsky (Org) *Fronteiras: arte, crítica e outros ensaios*, Porto Alegre, UFRGS Editora, 2003.

processo de ativamento e participação. Como veremos, toda vez que o espectador é capturado pelo trabalho em um campo de intensidades, um diagrama pode ser traçado/desenhado, materializando este processo, este devir. Algumas vezes, os diagramas permanecem invisíveis, abstratos, revelando uma 'função diagramática'; outras podem constituir gráficos, um mapa de possibilidades ou um verdadeiro plano de construção do trabalho: todos estes aspectos do diagrama têm em comum o fato de agirem como reais mediadores entre o objeto de arte, em sua presença física e imediata, e aquela que pode ser chamada de sua dimensão conceitual e lingüística – invisível, mas nem por isso menos física[2]. Assim, não há como estabelecer qualquer relação produtiva com a obra de arte (seja em termos de uma relação *participativa*, *crítica* ou *inventiva* – e aí pensando na superposição e contaminação recíproca dos papéis do público, do crítico e do artista) sem que o diagrama participe do campo perceptivo.

Veremos, então, que "existe diagrama cada vez que uma máquina abstrata singular funciona diretamente em uma

---

[2] Os artistas Yves Klein (Nice, 1928 - Paris, 1962) e Robert Barry (Nova York 1936) realizaram alguns dos mais importantes trabalhos sobre a questão da materialidade do invisível na arte contemporânea. O primeiro, com sua exposição *La Spécialisation de la sensibilité à l'état matière première en sensibilité picturale stabilisée* (Galeria Iris Clert, 1958, Paris), em que exibe a galeria vazia, com as paredes pintadas de branco, a convidados que percorrem o espaço em pequenos grupos. O segundo, com propostas como *90 mc Carrier Wave (FM)* (1968) ou *Inert gas series* (1969), onde apresenta fotografias em que são registradas, respectivamente, as ações de ocupar o espaço de uma sala com ondas de rádio FM e a liberação na atmosfera de certa quantidade de gás nobre (Criptônio, Argônio, Xenônio e Hélio): as fotografias não podem registrar a invisibilidade das ondas de rádio e a expansão dos gases no espaço livre. Tanto Klein como Barry demonstram a ocupação do espaço pelo invisível, insistindo em sua materialidade (mesmo se Klein procura pelo *imaterial*). Assim, nos parece perfeitamente possível considerar a dimensão conceitual e lingüística da obra de arte como *invisível* e *material* (Cf. McEvilley, 1983, pp. 40, 334-335; e o catálogo *L'art conceptuel, une perspective*, Paris, Musée d'Art Moderne de la Ville de Paris, 1990, pp. 114-125).

matéria" (Deleuze e Guattari, 1995c, p. 101) – isto é, uma materialidade qualquer é lançada de encontro a uma trama estratégica conceitualizada. Mas, em um nível gráfico ou imediato, desenhar/escrever e imprimir um diagrama é um gesto de materialização de um dispositivo específico (obra de arte), enquanto proposta específica de mostrar a articulação muito precisa e sutil que permeia o processo de produção/criação, isto é, a adequação entre matéria e expressão. Assim, diagramas desempenham o importante papel de conectar, mediar, relacionar, associar – não de um modo passivo (que enfatizaria um tipo de ligação diacrônica, linear ou dialética entre as diferentes realidades do processo representado), mas de uma forma dinâmica e ativa (apresentando-se como parte de um desenvolvimento sincrônico e não-linear, no qual as duas realidades se interpenetram; o diagrama é, de certa forma, a medida desta mistura) – matérias que se revestem de heterogeneidade, indicando e construindo regiões de contato. Podemos considerar que um diagrama será sempre gerado como dispositivo relacionado ao local de proximidade máxima da experiência, configurando um "mapa voltado para a experimentação ancorada no real"[3]. Assim, será necessário falar de uma autonomia estética do diagrama (autonomia relativa e não absoluta), caracterizando-o como um objeto plasticamente construído, dotado de uma consistência visual que o possibilita apresentar um processo, funcionando em direção a proposições não-lineares, não-dialéticas e não-conclusivas ao conectar sincronicamente realidades conceituais, objetuais e gestuais.

---

[3] Deleuze e Guattari escrevem que o mapa "constrói [...], é aberto, é conectável em todas as suas dimensões, desmontável, reversível, suscetível de receber modificações constantemente. [...] Um mapa tem múltiplas entradas. [...] é uma questão de performance." No entanto, como veremos, ainda que compartilhem diversas afinidades, um diagrama não se reduz a um mapa (Cf. Deleuze e Guattari, 1995b, p. 21-22).

## Diagrama como signo

Se os diagramas conectam duas realidades diferentes – estabelecendo ligações, relacionamentos, cadeias, séries, etc – será possível abordá-los através da Semiótica, a teoria dos signos. Charles Sanders Peirce, o inventor da Semiótica, define signo como "aquilo que, sob certo aspecto ou modo, representa algo para alguém"[4]. Uma importante característica da teoria de Peirce é sua preocupação em estruturá-la a partir de relações tricotômicas/triádicas, escapando das limitações que afetaram a "interpretação do signo de Ferdinand de Saussure (...) como uma unidade indissolúvel de dois constituintes – *signifiant* e *signifié*"[5]. É Peirce quem escreve: "Por semiose entendo uma ação, uma influência que seja ou coenvolva uma cooperação de três sujeitas, como por exemplo um signo, seu objeto, seu interpretante, tal influência tri-relativa não sendo jamais passível de resolução em uma ação entre duplas" (Peirce apud Eco,1976, p.10).Seu sistema tricotômico possui a vantagem

---

[4] Cf. Peirce, em *Divisão dos signos* (1977, p. 46). O mesmo texto pode ser encontrado em *Semiótica e Filosofia* (Peirce, s/d, pp. 93-134), de onde optamos por extrair algumas passagens.

[5] Roman Jakobson, no artigo *Quest for the Essence of Language*, observa que "esta concepção de Saussurre, conjuntamente com sua terminologia, foram extraídas inteiramente da teoria estóica, de dois mil e duzentos anos de idade. [...] Os escritos de Santo Agostinho mostram uma adaptação e um desenvolvimento posterior das pesquisas estóicas em relação à ação dos signos, com a utilização de termos latinos, particularmente *signum*, compreendendo tanto *signans* como *signatum*. [...] A característica 'bipartida' e a conseqüente 'dupla cognição' de qualquer signo [...] foi amplamente assimilada pelo pensamento científico da Idade Média" (1971, p. 345). Jakobson, porém, encerra seu artigo enfatizando que o ponto de vista tricotômico de Peirce "abre tarefas novas e urgentes, ampliando os horizontes da ciência da linguagem" (p. 357), decorrente de sua classificação basear-se "simplesmente em uma diferença relativa de hierarquia" (p. 349), que mistura as três categorias uma dentro da outra (nossa tradução).
[V. tradução brasileira, Jakobson, 1973].

de não subsumir-se, exclusivamente, através da linguagem, abrindo possibilidades para uma existência autônoma de signos extraídos de imagens e experiências sensoriais. Poderia-se, desse modo, falar em uma "fenomenologia peirceana", indicando o surgimento de suas categorias semióticas a partir "da observação direta dos fenômenos, nos modos como eles se apresentam à mente". É através de uma "acurada e microscópica observação de tudo o que aparece [que] Peirce extrai os caracteres elementares e gerais da experiência que tornam a experiência possível", elaborando suas "três categorias universais de toda experiência e todo pensamento"[7].

Peirce divide os signos "conforme três tricotomias: [...] conforme o signo em si mesmo [...], conforme a relação do signo para com seu objeto, [... e] conforme seu Interpretante o representa" (Peirce, *op. cit.*, p. 51). A partir desta divisão, nomeia nove diferentes tipos de signos, respectivamente: Qualissigno, Sinsigno e Legissigno; Ícone, Índice e Símbolo; Rema, Dicissigno e Argumento. Encontraremos o diagrama dentro do segundo grupo, como um Ícone ou, mais precisamente, um Hipoícone, junto com imagens e metáforas. Desse modo, é importante observar como Peirce define os signos do segundo grupo:

> *1) Um Ícone é um signo que se refere ao Objeto que denota apenas em virtude de seus caracteres próprios, caracteres que ele igualmente possui quer um tal Objeto realmente exista ou não. [...] é Ícone de qualquer coisa, na medida em que for*

---

[7] Cf. Santaella, 1990, p. 44-45. Gilles Deleuze saúda a "força de Peirce", ao inventar a semiótica, "por conceber os signos partindo das imagens e suas combinações, e não em função de determinações já lingüísticas". Entretanto, ao condicionar a eficiência do signo ao conhecimento, Peirce acabaria por reconduzir a uma "subordinação da semiótica à língua", não deixando "subsistir matéria irredutível ao enunciado", já que "os signos lingüísticos talvez sejam os únicos a constituir um conhecimento puro, [...] a absorver todo o conteúdo da imagem enquanto consciência ou aparição". Para Deleuze, então, Peirce "não teria mantido por muito tempo sua posição inicial, teria desistido de constituir a semiótica como 'ciência descritiva da realidade' (Lógica)" (Cf. Deleuze, 1990b, p. 43-44).

*semelhante a essa coisa e utilizado como um seu signo.*
*2) Um Índice é um signo que se refere ao Objeto que denota em virtude de ser realmente afetado por esse Objeto. [...] tem ele necessariamente alguma qualidade em comum com o Objeto, e é com respeito a estas qualidades que ele se refere ao Objeto. Portanto, o Índice envolve uma espécie de Ícone, um Ícone de tipo especial; (...) o que o torna um signo [é] sua efetiva modificação pelo Objeto.*
*3) Um Símbolo é um signo que se refere ao Objeto que denota em virtude de uma lei, normalmente uma associação de idéias gerais que opera no sentido de fazer com que o Símbolo seja interpretado como se referindo àquele Objeto. (...) o Símbolo envolverá uma espécie de Índice, ainda que um Índice de tipo especial (Peirce, op. cit., p. 52-53).*

Aproximando-se do Ícone, Peirce enfatiza sua "Qualidade Representativa" como "uma sua Primeiridade como Primeiro, ou seja, a *qualidade* que ele tem qua coisa o torna apto a ser um representâmen"; dessa forma, "um Representâmen apenas por Primeiridade somente pode ter um Objeto similar". Prosseguindo, "um signo, por Primeiridade, é uma imagem de seu objeto e, em termos mais estritos, só pode ser uma *idéia*". Mas, escreve Peirce, "uma idéia, exceto no sentido de uma possibilidade, ou primeiridade, não pode ser um Ícone. Uma simples possibilidade é um Ícone puramente por força de sua qualidade, e seu objeto só pode ser uma Primeiridade". Este signo "icônico", que "pode representar seu objeto principalmente através de sua similaridade", não importando "seu modo de ser", se quiser ser "substantivado", "pode ser denominado de *hipoícone*": Santaella observa que enquanto "simples qualidade na sua relação com seu objeto" o ícone é sempre um "quase-signo", pois "qualidades não representam nada, elas se apresentam". Entretanto, "porque não representam efetivamente nada, [...] qualquer qualidade tem condições de ser um substituto de qualquer coisa que a ela se assemelhe. Daí que, no universo das qualidades, as semelhanças se proliferem [e] que os ícones sejam capazes de produzir em nossa mente as mais imponderáveis relações de comparação". Assim, "uma imagem é um hipoícone porque a qualidade de sua aparência é semelhante à qualidade da aparência do objeto que a imagem representa" (Santaella, 1990, p. 86-88). E, para Peirce, os hipoícones podem ser divididos, "de acordo com o modo de Primeiridade de que participam", em imagens, diagramas e metáforas:

> imagens: *os que participam das qualidades simples, ou Primeira Primeiridade;*
> diagramas: *os que representam as relações [...] das partes de uma coisa através de relações análogas em suas próprias partes;*
> metáforas: *os que representam o caráter representativo de um representâmen através da representação de um paralelismo com alguma outra coisa*[8].

Jakobson cita Peirce para definir o diagrama como "um ícone de relações inteligíveis", que "pode ser exemplificado por dois retângulos de tamanhos diferentes ilustrando uma comparação quantitativa da produção de aço dos EUA e URSS" (Jakobson, 1971, p. 350). Trata-se de um exemplo demasiado simples, em que são privilegiadas relações de quantidade, como em uma tabela comparativa, em detrimento dos aspectos qualitativos que um diagrama pode relacionar. Se observarmos o lugar reservado por Peirce para os diagramas, dentro de sua teoria dos signos, podemos perceber que, ao fazer do diagrama um hipoícone, Peirce o caracteriza como *imagem de relações*, esquema visual capaz tão somente de representar, por similaridade, relações presentes no objeto ao qual se refere. Se pensarmos, entretanto, no que estamos querendo caracterizar aqui como singularidade própria dos diagramas iremos de encontro a limitações do esquema peirceano: visto exclusivamente como um ícone, o diagrama não possui autonomia estética para criar relações internas por si próprio, na medida em que revela certos compromissos com a representação que limitam sua operatividade. O diagrama

---

[8] Definições extraídas de C.S.Peirce, *op. cit.*, p. 64.

icônico é estático, linear, conclusivo, não-autônomo – oposto àquilo que estamos procurando.

Mas será que o diagrama não exclusivamente icônico encontra um lugar dentro da lógica semiótica peirciana? É o próprio Peirce quem afirma que "os signos mais perfeitos são aqueles em que as características icônicas, indiciais e simbólicas estão combinadas o mais igualmente possível"[9]. Uma pista em direção a estes "signos combinados" é fornecida por Peirce, quando propõe a divisão das três tricotomias de signos em *dez* "classes de signos". De fato, a segunda classe de signos tem como exemplo "um diagrama individual", enquanto a quinta classe é exemplificada com "um diagrama, à parte sua individualidade factual". Estas classes de signos são assim definidas:

> *Segunda:* Um Sinsigno Icônico *é todo objeto de experiência na medida em que alguma de suas qualidades faça-o determinar a idéia de um objeto. Sendo um Ícone e, com isso, um signo puramente por semelhança de qualquer coisa com que se assemelhe, só pode ser interpretado como um signo de essência, ou Rema. Envolve um Qualissigno.*
> *Quinta:* Um Legissigno Icônico *é todo o tipo ou lei geral, na medida em que exige que cada um de seus casos corporifique uma qualidade definida que o torna adequado para trazer à mente a idéia de um objeto semelhante. Sendo um Ícone, deve ser um Rema. Sendo um Legissigno, seu modo de ser é o de governar Réplicas singulares, cada uma das quais será um Sinsigno Icônico de um tipo especial (Peirce, op. cit., p. 55-56).*

Estas definições, combinando signos de Primeiridade, Secundidade e Terceiridade, relacionados, ao mesmo tempo, com o signo mesmo, seu objeto e o interpretante, imprimem algum movimento ao diagrama, provendo-o com certa autonomia e agilidade. Entretanto, ambas as definições estão ainda presas à necessidade de uma referência à presença anterior do objeto

---

[9] Peirce, citado por Jakobson, *op. cit.*, p. 349 [tradução nossa].

e a um compromisso com o campo da representação, como se o diagrama só pudesse ser pensado em função de sua eficiência em apresentar relações pressupostas e pré-existentes entre as coisas, e nunca a partir de sua eficiência construtiva de poder constituir-se enquanto mapa das relações produzidas no processo de proximidade máxima da experiência. É impossível referir-se à imediaticidade da experiência sem comprometer-se com a constituição de um certo campo de relações das forças em ação, que se metamorfoseia a cada instante – exigindo um tipo de mediação comprometido com relações de qualidade singular, em atenção a todo um lado de fora heterogêneo e múltiplo.

Mas interessa-nos promover o diagrama a outro patamar, ainda mais dinâmico, já que, para Peirce, ele permanece como um hipoícone, ou como exemplo da segunda ou quinta classe dos "signos combinados". Gostaríamos de pensar os diagramas como combinações visuais especiais envolvendo palavras e imagens, dotadas de um papel preciso: indicar o duplo movimento das forças do pensamento e da matéria, como um dispositivo para a produção de transformações. Esta outra definição do diagrama será encontrada em Gilles Deleuze e Félix Guattari.

### Diagrama como conceito

Para Gilles Deleuze e Félix Guattari, o diagrama assume um papel bastante especial e ativo, a partir de sua incorporação em uma dimensão maquínica: enquanto conceito operante nesta dimensão, o diagrama irá funcionar conectado a outros conceitos – tais como agenciamento, máquina abstrata, desterritorialização, corpo sem órgãos, devir, rizoma, ritornelo – tomando mesmo, algumas vezes, a forma de uma "função diagramática".

Enfatizando e ampliando sua autonomia conceitual, – e também enquanto um tipo de *dispositivo abstrato* – Deleuze e Guattari incluem o diagrama em uma das etapas de sua *Pragmática*, aquela definida pelo componente "diagramático", que "consiste em tomar os regimes de signos ou as formas de expressão para deles extrair signos-partículas que não são mais formalizados, mas constituem traços não formados, combináveis uns com os outros". Este momento revela o "auge da abstração", o momento em que "a abstração se torna real"[10]. Ocorreria a presença, então, de um "nível diagramático [... onde] não existem nem mesmo regimes de signos propriamente falando, já que não há mais forma de expressão que se distinguiria realmente de uma forma de conteúdo"[11]. O diagrama, portanto, conjuga "o conteúdo mais desterritorializado e a expressão mais desterritorializada", operando uma indistinção entre conteúdo e expressão. Assim, vemos que os diagramas, ao posicionarem-se junto à síntese disjuntiva do conteúdo e da expressão, – que poderemos associar à não-correspondência e não-conformidade entre os campos do pensamento e da matéria – trabalham exatamente com a possibilidade de operar aí um momento de passagem e reconfiguração das duas formas, instaurando um processo de criação e transformação, de produção de "novos enunciados ainda desconhecidos" e diferentes semióticas.

As semióticas ou regimes de signos – considerados por

---

[10] Os outros componentes da Pragmática são: 1 - gerativo: indica como "toda forma de expressão recorre a regimes combinados de signos", como toda semiótica é "concretamente mista"; 2 - transformacional: mostra como "um regime de signos pode ser traduzido em outro", "ser criado a partir de outros"; 4 - maquínico: mostra como "as máquinas abstratas se efetuam em agenciamentos concretos". O componente diagramático é o de nº 3. Os componentes estão conectados em um encadeamento circular, mas que "brota e faz rizoma" (Deleuze e Guattari, 1995b, p. 105).
[11] Deleuze e Guattari (1995b, p. 101) não trabalham com a formalização forma/conteúdo, mas sim conteúdo/expressão: "Com efeito, o conteúdo não se opõe à forma, ele tem sua própria formalização: o pólo mão-ferramenta, ou a lição das coisas. Mas ele se opõe à expressão, dado que esta tem também sua própria formalização: o pólo rosto-linguagem, a lição dos signos. É precisamente porque o conteúdo tem sua forma assim como a expressão, que não se pode jamais atribuir à forma da expressão a simples função de representar, de descrever ou de atestar um conteúdo correspondente: não há correspondência nem conformidade. As duas formalizações não são de mesma natureza, e são independentes, heterogêneas" (idem, p. 26).

Deleuze e Guattari como "qualquer formalização de expressão específica, pelo menos quando a expressão for lingüística (...) [mas] dos quais nenhuma categoria linguística consegue dar conta" – formam-se quando a "expressão constitui [...] índices, ícones e símbolos", à parte do conteúdo, que "constitui [...] corpos, coisas ou objetos." De modo a marcar uma diferença em relação às definições de Peirce, Deleuze e Guattari relêem as categorias dos signos através de conceitos próprios, distinguindo-as através de "relações territorialidade-desterritorialização e não pelas relações significante-significado": "os diagramas devem ser distinguidos dos *índices*, que são signos territoriais, mas igualmente dos *ícones*, que são de reterritorialização, e dos símbolos, que são de desterritorialização relativa ou negativa" (Deleuze e Guattari, 1995b, p. 100)[12]. Assim, somos confrontados com uma definição do diagrama como um conceito ou função (ou um conceito-funcional), dotado de uma dimensão sígnica própria, capaz de operar sobre a matéria na direção de transformações. Está claro que passamos de uma visão do diagrama concebido exclusivamente como um signo (Peirce) – cuja operatoriedade é limitada pela cadeia de remissões que o conduzem através da cadeia objeto-signo-interpretante – para o diagrama como um conceito/função. Devemos, então, ir mais longe nessa direção.

Tomado como um conceito, Deleuze e Guattari promovem a interconexão e funcionamento do diagrama dentro de uma rede conceitual, rizomática, de modo que defini-lo conceitualmente significa invocar outros elementos de um aparato conceitual. Em primeiro lugar, o conceito de diagrama vem combinado com o conceito de *máquina abstrata*. Eles escrevem: "existe diagrama cada vez que uma máquina abstrata singular funciona diretamente em uma matéria", e "a máquina

---

[12] Ver ainda, na mesma página, a nota n° 38, e também a p. 62, onde associam o *índice* aos "estados de coisas territoriais que constituem o designável", o *ícone* às "operações de reterritorialização que constituem o significável" e o *símbolo* a um "estado de desterritorialização relativa [...] em uma remissão constante do signo ao signo".

abstrata [...] se define como o diagrama desse agenciamento" (Deleuze e Guattari, 1995b, p. 101 e 33)[13]. Um agenciamento possui duas faces: em uma "só é enunciação, só formaliza a expressão [...]; em sua outra face inseparável, ele formaliza os conteúdos". Entretanto, para se atingir, "no próprio agenciamento, algo que é ainda mais profundo do que essas faces e que dá conta ao mesmo tempo das duas formas em pressuposição, formas de expressão ou regimes de signos (sistemas semióticos), formas de conteúdo ou regimes de corpos (sistemas físicos)", chegaremos à máquina abstrata, que "constitui e conjuga todos os pontos de desterritorialização do agenciamento". Então, "uma máquina abstrata em si não é mais física ou corpórea do que semiótica, ela é *diagramática* (ignora ainda mais a distinção do artificial e do natural)". Ao caracterizar a máquina abstrata como um dispositivo conceitual que funciona diagramaticamente, Deleuze e Guattari querem enfatizar sua capacidade em operar antes da formação de qualquer semiótica ou regime de signos, isto é,

> *por matéria, e não por substância; por função, e não por forma. As substâncias, as formas são de expressão 'ou' de conteúdo. Mas as funções não estão já formadas 'semioticamente', e as matérias não estão ainda 'fisicamente' formadas. A máquina abstrata é a pura Função-Matéria – o diagrama, independentemente das formas e das substâncias, das expressões e dos conteúdos que irá repartir. [...] Definimos a máquina abstrata pelo aspecto, o momento no qual não há senão funções e matérias.*

Assim, traçar um diagrama é sempre "fazer o diagrama das máquinas abstratas colocadas em jogo em cada caso, como potencialidades ou como surgimentos efetivos".

É importante precisar bem este ponto, enfatizando em que

---

[13] Todas as citações subseqüentes de Deleuze e Guattari, salvo exceções que serão apontadas, provêm deste volume, capítulos 4, "20 de Novembro de 1923 - Postulados da lingüística", p. 11-59; e 5, "587 a.C. - 70 d.C. - Sobre alguns regimes de signos", p. 61-107.

consiste o papel ativo do diagrama: ele não funciona como um "fenômeno de resistência ou contra-ataque" de um agenciamento, mas como "pontos de criação e desterritorialização"; um diagrama não possui "nem substância nem forma, nem conteúdo nem expressão"; ele, como já vimos, retém "o conteúdo mais desterritorializado e a expressão mais desterritorializada, para conjugá-los". Neste momento ocorrem as "transformações diagramáticas", "explodindo as semióticas ou regimes de signos" na direção de uma "desterritorialização positiva absoluta" – tornando "indiscerníveis" a dualidade das formas, em uma 'conjunção' em que existe a formação de uma "matéria comum", "signos-partículas, *partignos*". Tal operação de renovação semiótica somente torna-se possível porque Deleuze e Guattari não posicionam a linguagem em uma posição primeira de autonomia absoluta, como constitutiva por si mesma de uma máquina abstrata (o "arcaísmo do Grande Significante despótico" que criticam em *O Anti-Édipo*, ou o "regime despótico paranóico" do significante e os "métodos de transcendentalização da linguagem" de Russel ou Chomsky, caracterizados em *Mil Platôs*), preferindo considerar que a linguagem

> *remete aos regimes de signos, e os regimes de signos às máquinas abstratas, às funções diagramáticas e aos agenciamentos maquínicos, que ultrapassam qualquer semiologia, qualquer lingüística e qualquer lógica.*

Desse modo, podem investir no diagrama não com a função de "representar, mesmo qualquer coisa real", mas de "construir um real ainda por vir, um novo tipo de realidade", colocado "'antes' da história", na medida em que "constitui pontos de criação ou de potencialidade".

Dificilmente o diagrama poderia ser colocado em uma posição mais importante, dentro das possibilidades de se pensar em termos de sua autonomia estética, vinculada a processos de transformação: 1) ele é traçado como conseqüência – ou como parte dos mesmos movimentos estratégicos – do funcionamento de uma máquina abstrata sobre uma matéria, o que quer dizer que o diagrama possui uma propriedade maquínica; 2) traçar um diagrama é uma operação de desterritorialização absoluta, instalando outras coordenadas de tempo e espaço para além das semióticas ou regimes de signos previamente propostos; 3) o estado de desterritorialização absoluta implica em uma passagem do abstrato para o real, isto é, criação de matéria e funções, propondo novas realidades.

Em seguida, é importante considerar o diagrama funcionando em conjunto com outros conceitos trabalhados por Deleuze e Guattari, tais como: desejo, máquina, máquina-desejante e corpo sem órgãos. Vamos então, brevemente, extrair desses conceitos uma visão mais ampla de funcionamento para os diagramas.

Uma questão central de *O Anti-Édipo* é fornecer outra dimensão ao desejo, liberando-o do enquadramento psicoanalítico. Deleuze e Guattari criticam Freud por bloquear o potencial da produção desejante ao conceber o inconsciente como teatro, representação:

> *a grande descoberta da psicanálise foi a produção desejante, as produções do inconsciente. Mas, com Édipo, essa descoberta foi logo ocultada por um novo idealismo: no lugar do inconsciente como usina colocou-se um teatro antigo; no lugar das unidades de produção colocou-se a representação; no lugar do inconsciente produtivo colocou-se um inconsciente que só podia exprimir-se (o mito, a tragédia, o sonho...).* (Deleuze e Guattari, 1976, p. 40-41).

Portanto, um problema central para essa nova concepção do desejo será liberar sua capacidade produtiva, enquanto energia transformadora. A importância de um processo de transformação, para Deleuze e Guattari, não reside nem em sua origem nem em seus fins – "uma linha de devir não tem nem começo nem fim, nem saída nem chegada, nem origem nem destino; [...] só tem um meio" (Deleuze e Guattari, 1997a, p.91) –, mas no verdadeiro processo material de multipli-cidades e devires que o desencadeia e que indica, continuamente, a potencialidade de novas transformações: "o que é real é o próprio devir [...] e não os termos supostamente fixos pelos quais passaria aquele que se torna" (idem, p. 18). Desse modo, pode-se afirmar que "ao desejo não falta nada": "se o desejo produz, ele produz real. [...] O ser objetivo do desejo é o Real em si mesmo" – o devir, a transformação. O desejo é então definido como "esse conjunto de *sínteses passivas* que maquinam os objetos parciais, os fluxos e os corpos, e que funcionam como unidades de produção", enquanto que "o real decorre dele, é resultado de sínteses passivas do desejo como autoprodução do inconsciente" (Deleuze e Guattari, 1976, p. 43-44).

Esta visão radical do inconsciente como uma usina, do desejo como produção, está ligada à concepção de desejo como "máquina" e o "objeto do desejo [como] máquina [a ele] ligada". Mas como Deleuze e Guattari definem 'máquina'? Quando descrevem um agenciamento biotecnológico, estão seguindo "padrões invisíveis do meio histórico concreto", que propõem a questão das "*Incorporações* como um motivo complexo, central para a compreensão do mundo contemporâneo", repleto das mais variadas hibridações; mais precisamente, trabalham com processos de incorporação definidos a partir da

> *[concepção] das relações práticas do indivíduo com seu meio como um sistema dinâmico local, composto de movimentos, percepções e gestos interdependentes e auto-atualizadores. Tal sistema procederia através da captura de, e adaptação a, padrões e efeitos específicos gerados técnica e socialmente, como, por exemplo, o modo como as novas velocidades e ritmos industriais foram adotados na virada do século, ao lado de novos modelos fluidos do movimento, cinestesia e energia humanos (Crary e Kwinter, 1992, p. 12-15).*

Deleuze e Guattari utilizam a máquina como um conceito operacional que os permite criar um processo dinâmico de produção de pensamento. Para eles, "uma máquina se define como um *sistema de cortes*". Entretanto, "ao invés de opor-se à continuidade, o corte a condiciona, implica ou define o que ele corta como uma continuidade ideal. É que [...] toda máquina é máquina de máquina"[14] (Deleuze e Guattari, 1976, p. 54). Assim, podemos pensar o movimento maquínico como um processo no qual a singularidade de certas máquinas não interrompe o fluxo contínuo entre todas elas. Mais uma vez, é importante enfatizar que "a máquina desejante não é uma metáfora; é o que corta e é cortado". Mas como funcionam efetivamente as máquinas desejantes, no processo de produção de desejo? Correndo o risco de simplificar excessivamente um tópico que Deleuze e Guattari abordam de modo complexo, podemos resumir o processo de produção de desejo sob três aspectos simultâneos:

> produção de produção, produção de registro, produção de consumo. Extrair, separar e "restar" é produzir, e é efetuar as operações reais do desejo.

Os cortes ou interrupções "não são resultado de uma análise, mas são, eles próprios, sínteses" – e, nesse processo, ocorrem três diferentes modos de síntese:

> 1) *síntese conectiva [mobilizando] a libido como energia de extração;*
> 2) *síntese disjuntiva [mobilizando] o Numen como energia de separação;*
> 3) *síntese conjuntiva [mobilizando] a Voluptas como energia residual*[15].

É importante considerar que "a produção como processo excede todas as categorias ideais e forma um ciclo que se refere ao desejo enquanto princípio imanente". Essa é a razão pela qual devemos pensar os diagramas – segundo o que já foi antes discutido – relacionados ao processo do desejo como um todo, apesar de que possa parecer que estejam relacionados

---

[14] As citações seguintes, a não ser quando contrariamente referidas, provém do Capítulo 1, *As Máquinas Desejantes*, p. 15-70.
[15] Deleuze e Guattari escrevem: "Mas, por que chamar divina, ou Numen, à nova forma de energia [...]? [...] Divino [...] é somente o caráter de uma energia de disjunção" (1976, p. 28).

mais precisamente com a síntese disjuntiva (como dispositivos que reúnem as realidades conflitantes do pensamento e da matéria, expressão e conteúdo, palavras e imagens, etc.). É importante não esquecer que, se estamos interessados na singularidade e particularidade dos diagramas como objetos estéticos autônomos (quando estaríamos mais próximos da síntese disjuntiva), procuramos também um papel maior do diagrama como parte do processo de transformação como um todo (e então poderemos discuti-lo em referência às sínteses conectiva e conjuntiva, a partir da relação da obra de arte com seus processos de produção e recepção).

Necessitamos ainda de outro conceito criado por Deleuze e Guattari, para compreendermos como o diagrama pode ser tão proximamente conectado à produção de desejo. Trata-se de um conceito que recusam nomear como tal, do qual somente nos fornecem pistas e aproximações, caracterizando-o como algo que nos constitui, um dispositivo para experimentação, ao qual associam imagens ao mesmo tempo assombrosas e sedutoras ("destruição" e "catatonia", "alegria" e "êxtase"), como algo ora sem matéria, ora pleno de energia, artificial, quase robótico. Assim escrevem:

> *de todo modo, você tem um (ou vários), não porque ele pré-exista ou seja dado inteiramente feito – se bem que sob certos aspectos ele pré-exista – mas de todo modo você faz um, não pode desejar sem fazê-lo – e ele espera por você, é um exercício, uma experimentação inevitável, já feita no momento em que você a empreende, não ainda efetuada se você não a começou. Não é tranqüilizador, porque você pode falhar. Ou às vezes pode ser aterrorizante, conduzi-lo à morte. Ele é não-desejo mas também desejo. Não é uma noção, um conceito, mas antes uma prática, um conjunto de práticas. [...] não se chega, não se pode chegar, nunca se acaba de chegar a ele, é um limite (Deleuze e Guattari, 1996, p. 9).*

Eles o chamam de *Corpo sem Órgãos* (CsO).

N'O Anti-Édipo, Deleuze e Guattari discutem o CsO como antiprodução: o corpo sem órgãos é o improdutivo; e, no entanto, é produzido em seu lugar e na sua hora na síntese conectiva, como a identidade do produzir e do produto [...]. Sobretudo não é uma projeção; nada a ver com o corpo próprio ou com uma imagem do corpo. É o corpo sem imagem (1976, p. 23).

Esta definição pela negação é complementada pela afirmação, em *Mil Platôs*, do CsO como "o *campo de imanência* do desejo, o *plano de consistência* próprio do desejo" (Deleuze e Guattari, 1996, p. 15). Mas o que está claro é que o processo de produção de desejo – e o próprio desejo – mistura-se com a produção do CsO. "O CsO é desejo, é ele e por ele que se deseja. [...] Há desejo toda vez que há constituição de um CsO numa relação ou em outra" (idem, p. 28). Assim, o processo maquínico através do qual o desejo é promovido a um status produtivo é igualmente constitutivo do CsO – embora enfrentemos a ambigüidade da 'produção' e da 'antiprodução' simultâneas, de oferecer resistência ao organismo ("O inimigo [do CsO] é o organismo, [...] a organização dos órgãos") e ao mesmo tempo construir um CsO produtivo. Além disso, às vezes o desejo deseja "seu próprio aniquilamento [...], aquilo que tem o poder de aniquilar. Desejo de dinheiro, desejo de exército, de polícia e de Estado, desejo-fascista, inclusive o fascismo é desejo" (idem, p. 28). Daí Deleuze e Guattari nos alertarem: "Como criar para si CsO sem que seja o CsO canceroso de um fascista em nós, ou o CsO vazio de um drogado, de um paranóico ou de um hipocondríaco?" (idem, p. 26).

A dificuldade e o perigo de um conceito como CsO está em ser tomado como uma construção neutra, uma estrutura a ser ocupada após sua produção. Essa é a razão por que é necessário compreender esses processos enquanto envolvidos em uma dimensão do tempo como instantaneidade e simultaneidade, de um modo que é impossível estabelecer uma seqüência linear de coordenação e ordenação, implicando no recurso a um modelo rizomático[16]. Quando Deleuze e Guattari escrevem que existem duas fases, uma "para a fabricação do CsO, a outra para fazer aí circular, passar algo" (Deleuze e Guattari, 1996, p. 12), temos que considerar o CsO determinando e sendo determinado pelo que passa através dele; se pensarmos sobre esses processos ocorrendo sob um tempo instantâneo, podemos assegurar sua simultaneidade (enquanto processos de interação em tempo real). Desse modo, um CsO, enquanto estrutura neutra, está fora de questão, se o considerarmos como parte de um processo de transformação em progresso, que não se iniciou naquele momento, mas que veio de outro lugar qualquer, resultado não-causal de outros devires e fluxos.

Assim, "um CsO [...] só pode ser ocupado, povoado por intensidades. Somente as intensidades passam e circulam"; é também

> *[o] CsO [que] faz passar as intensidades, ele as produz e as distribui num spatium ele mesmo intensivo, não extenso. Ele não é espaço e nem está no espaço, é matéria que ocupará o espaço em tal ou qual grau – grau que correspondente às intensidades produzidas. Ele é a matéria intensa e não formada, não estratificada, a matriz intensiva, a intensidade = 0, mas nada há de negativo neste zero, não existem intensidades negativas nem contrárias. Matéria igual energia. Produção do real como grandeza intensiva a partir do zero (Deleuze e Guattari, 1996, p. 13).*

Já vimos anteriormente como o desejo está conectado à produção do real, e agora, a partir da ligação entre intensidade, matéria e energia, é o CsO que é articulado dentro do mesmo processo. Um importante aspecto dessa "produção do real" é a produção do sujeito como parte do processo da produção de desejo. Primeiramente, Deleuze e Guattari observam que "o corpo sem órgãos [...] serve de superfície para o registro de

[16] Estamos aqui na concepção de tempo como *Aion*, "que é o tempo indefinido do acontecimento, a linha flutuante que só conhece velocidades, e ao mesmo tempo não pára de dividir o que acontece num já-aí e um ainda-não-aí, um tarde-demais e um cedo-demais simultâneos, um algo que ao mesmo tempo vai se passar e acaba de se passar" (Deleuze e Guattari, 1997a, p. 48-49).

todo o processo de produção do desejo [...]" (Deleuze e Guattari, 1976, p. 26). Então,

> *o consumo substitui o registro, [e] a produção de consumo é produzida por e na produção de registro. [...] sobre a superfície de inscrição, alguma coisa se deixa notar que é da ordem de um sujeito. É um estranho sujeito, sem identidade fixa, errando sobre o corpo sem órgãos, sempre ao lado das máquinas desejantes [...], nascendo dos estados que ele consome e renascendo a cada estado (idem, p. 32).*

A síntese conjuntiva, ligada à produção de consumo, produz "quantidades intensivas [...], devires, passagens, [...] intensidades puras"; estas intensidades "são todas positivas a partir da intensidade = 0 que designa o corpo pleno sem órgãos". Deleuze e Guattari caracterizam este campo intensivo de forças:

> *a oposição entre as forças de atração e de repulsão produz uma série aberta de elementos intensivos, todos positivos, que não exprimem jamais o equilíbrio final de um sistema, mas um número limitado de estados estacionários meta-estáveis pelos quais um sujeito passa. (idem, p. 35).*

Como resultado do processo de envolvimento em um campo intensivo,

> *o sujeito [é] produzido como resíduo ao lado da máquina, apêndice ou peça adjacente à máquina [...]. Ele não está no centro, ocupado pela máquina, mas na borda, sem identidade fixa, sempre descentrado, concluído a partir dos estados pelos quais passa. [...] o sujeito nasce de cada estado da série, [...] todos esses estados [...] o fazem nascer e renascer (o estado vivido é primeiro em relação ao sujeito que o vive). (idem, p. 36-37).*

A caracterização de um sujeito móvel, cambiante, produzido como resto, resíduo ou resultado de um processo maquínico, desloca-o de uma posição central para uma lateralidade, em relação às forças e fluxos maquínicos constitutivos do processo – possibilitando, deste modo, que o próprio processo imponha-se como "uma individualidade perfeita [à qual] não falta nada, embora ela não se confunda com a individualidade de uma coisa ou de um sujeito [...]; individuações concretas valendo por si mesmas e comandando a metamorfose das coisas e dos sujeitos" (Deleuze e Guattari, 1997a, p. 47)[17]. Assim, a trama de conceitos proposta por Deleuze e Guattari impõe-se com a força de um processo de transformação, a partir da instauração de um campo intensivo maquínico individualizado, ao qual o sujeito é anexado como conseqüência do funcionamento desse campo. É como parte deste rizoma que o diagrama vem atuar, enquanto conceito/dispositivo que permeia a possibilidade da proposição e construção de um campo experimental, voltado à rede de devires e multiplicidades, em que a transformação não é 'resultado' e sim uma de suas condições de efetivação enquanto produção de real e intervenção em uma materialidade qualquer.

\* \* \*

Traçar um diagrama é operar, dentro de uma rede conceitual, um dispositivo composto de imagens e palavras, que irá funcionar junto com outros conceitos. A partir da abordagem de Deleuze e Guattari, pudemos mostrar como um conjunto de conceitos relaciona-se com todo um processo de produção de transformações. Estas transformações estendem-se desde a desterritorialização de regimes de signos até a produção do real pelo desejo, passando pela construção do corpo sem órgãos como superfície de registro do desejo, e a produção de um sujeito como resultado da experimentação de intensidades puras. Assim, o diagrama como conceito é um dispositivo que indica a ocorrência de um processo especial em um momento específico; o processo implica uma conexão instantânea entre pelo menos duas realidades disjuntivas heterogêneas (matéria/ função, conteúdo/expressão, enunciados/visibilidades, palavras/ imagens...) e a conseqüente produção de real com instauração

---

[17] Deleuze e Guattari caracterizam esta forma de individuação como "hecceidade": "Um grau de calor, uma intensidade de branco são perfeitas individualidades", são hecceidades. (1997a, p. 48)

de novas semióticas, isto é, um novo agenciamento compreendendo pensamento, objetos, gestos. Ler/ver um diagrama é ser capaz de experienciar esse agenciamento enquanto um processo de transformação, envolvendo o desejo como força produtiva, com a constituição de uma superfície de registro da intensidade da experiência; isto inclui a metamorfose em um novo sujeito como possível resultado desse processo.

E ainda, de modo mais restrito ou específico, pode-se apontar indicações de uma outra forma de se praticar e pensar a questão da arte, nos termos do papel do artista, da construção simultaneamente visual e conceitual do objeto de arte e das possibilidades em torno da recepção da obra, seja enquanto apropriação crítica, seja enquanto relação participativa/ interativa do espectador e do público.

*Trabalhando com diagramas*

Esta investigação deve ser complementada por uma breve discussão de algumas experiências que foram (e estão sendo) desenvolvidas por mim em torno do diagrama como dispositivo de atuação junto ao campo da arte[18]. Trata-se de uma série de trabalhos em que procuro formular e praticar um certo uso do diagrama, mobilizado como ferramenta de um projeto plástico voltado para a trama de articulações entre campo visual e discursivo: sua operacionalidade revela-se produtiva como conexão imediata entre as duas matérias (e, claro, entre regiões outras também percebidas em suas linhas de contato e contornos heterogêneos), desdobrando-se ainda tanto em aspectos da construção da linguagem plástica (diálogo com o espaço em torno, estudo dos suportes de inserção e veiculação, presença de superfícies monocromáticas, jogo de linhas de diversas espessuras e qualidades, etc), quanto em questões

---

[18] Os primeiros diagramas foram realizados em 1993, sofrendo transformações nos anos posteriores em direção a características mais *ambientais*.

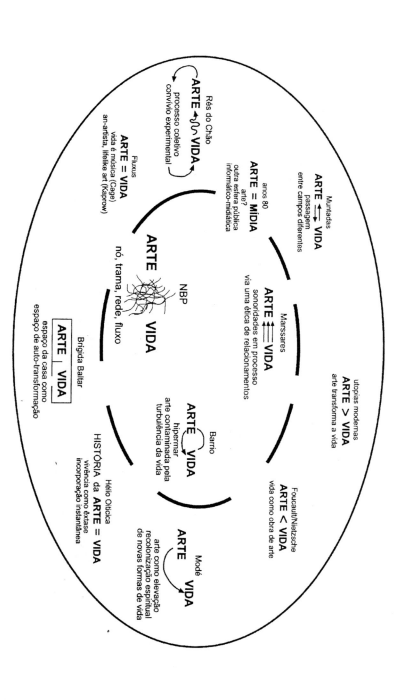

relacionadas à imagem do artista e sua atuação frente ao circuito de arte (seja na renegociação de seu papel na habitual divisão de trabalho crítico/artista, seja na complexificação das atribuições da própria 'função-artista'). Os diagramas assim construídos constituem instalações ou intervenções, presentificando-se para um público fruidor a ser capturado em sua trama: este espectador envolve-se no campo proposto a partir de um jogo afetivo e perceptivo, estabelecendo uma dinâmica de intensidades que o conduzem a um limiar de transformação ou mudança. As linhas de fluidez de um processo maquínico são aqui tornadas visíveis a partir da mobilização do diagrama enquanto superfície de contato entre palavras e coisas, obra e pensamento, com a proposição de um jogo intensivo de relações que toma o corpo-mente daquele que se posiciona junto ao trabalho.

Os diagramas a que me refiro são desenhos, compostos de linhas e palavras, que procuram estabelecer uma relação dinâmica entre os campos visual e discursivo, de modo a enfatizar – e propor – passagens entre eles, criando territórios atravessados pelo ritmo fluido de relações, inter-relações e relacionamentos – incluindo aí forças de atração, repulsão, vizinhança, fragmentação, encadeamento, agrupamento, deslocamento, localização, etc. Cada diagrama coloca em ação uma rede discursiva diferente, partindo da problematização da relação do sujeito com o outro, com o uso de pronomes pessoais (eu/você) como demarcadores de espaço. Daí avançam por proposições relacionadas à história da arte, à relação entre arte e vida, remissões a outros projeto de trabalho em sua interface com estes campos, considerações em relação ao projeto NBP, ao circuito de arte, etc. Claro que os campos discursivos aí articulados são desviados de seu logocentrismo (que os posicionaria hierarquicamente à frente do desenho ou mapa) e apropriados na dimensão de uma escrita de invenção, prospectiva, em que a linguagem busca exercitar-se entre reflexão e ficção, iluminando o texto em sua plasticidade, dentro da possibilidade experimental que conduz à produção de espaço.

Um aspecto importante destes diagramas é a presença

constante de uma superfície monocromática enquanto fundo sobre o qual se movimentam: os campos de cor proporcionam uma área de ressonância conjunta com os diagramas, em que a dinâmica das linhas é reforçada pela intensidade cromática, produzindo um duplo efeito de *representação* e *presentação*[19] da afetividade: se os diagramas não deixam de mapear processos de atração e repulsa entre os lugares do eu e do outro (eu/você) enquanto jogo das forças afetivas em sua combinação de sensorialidade e pensamento, o monocromo é a presentação da intensidade sensorial enquanto campo afetivo que se estrutura em superfície e se irradia pelo espaço em torno. Nesta articulação, os diagramas têm ainda enfatizada sua ação enquanto movimentação aberta, indicativa de uma expansão informe, em muitas direções – isto é, absolutamente não-linear. De fato, a superfície monocromática pode ser percebida enquanto "descentrada", configurando os contornos de um campo que se impõe à sensorialidade com o impacto de uma gestalt lançada sobre a totalidade do corpo perceptivo. Caracterizado como um dos "extremos absolutos da modernidade no campo visual", a prática continuada do monocromo, adotada por artistas de diversas orientações geográficas e culturais, acabou por indicar, entretanto, "a dispersão da idéia de centro da história da arte"[20] (sob esta perspectiva, campo sensorial e estratégico-discursivo reúnem-se em um mesmo território de ação) – superfície desviante,

---

[19] A dicotomia *presentação/representação* (em que está implícita a necessidade de abandono da última em favor da primeira) permeia os escritos de Ferreira Gullar da época Neoconcreta. V., por exemplo, *Diálogo sobre o Não-objeto*: "Um objeto representado é *quase-objeto*: é como se fosse um objeto: ele se desprende da condição de objeto, mas não atinge a de não-objeto: é, com referência ao objeto real, um objeto fictício. *O não-objeto não é uma representação mas uma presentação*. Se o objeto está num extremo da experiência, o não-objeto está no outro, e o objeto representado está entre os dois, a meio caminho" (em Amaral, 1977, p. 91, os grifos são do autor).
[20] Considerações de Paulo Herkenhoff em *Monocromos: a autonomia da cor e o mundo sem centro*, (em Hollanda e Resende, 2000, p. 250-266). Herkenhoff observa que, se para Malevitch "o branco sobre branco se revela como o conhecimento do zero", em Cildo Meireles (*Desvio para o Vermelho*, 1967-1984), o monocromo é *agenciamento da história* (presença de referências ao real do ambiente político-cultural enquanto fator de produção de valor simbólico-estético).

portadora da força potencial dos deslocamentos.

Aqui o diagrama é um dispositivo sem escala a priori, isto é, pode materializar-se junto a suportes de qualquer dimensão, seja sob a forma de fotocópias que ocupam uma pequena folha de papel, seja nas amplas paredes de um ambiente arquitetônico, dialogando com o espaço construído. Deste modo, o diagrama identifica-se com uma intervenção semiótica numa materialidade qualquer, procurando tornar visíveis as inter-relações de sentido produzidas a partir da linha limite entre campo discursivo e uma certa ordem das coisas. Trata-se de procurar pela hibridização produtiva com o espectador, contaminá-lo a partir de um jogo perceptivo que envolve palavra e sensação em mútua reverberação – e esta estratégia de contaminação se passa tanto considerando a invasão intercorpórea de uma partícula de sentido diferenciado (tal qual o signo / sinal / forma específica NBP, já um gesto nesta direção[21]) que passa a circular metabolicamente pelo corpo[22], quanto orientando-se no sentido já referido de uma totalidade perceptiva que tem o desenho (plasticamente mutável) do corpo como unidade sobre a qual se atua. Neste sentido, o diagrama procura estruturar-se como estratégia de inserção em diversos contextos, a partir dos quais estabelece alguma efetividade: não se trata de ação de se "perceber" as circunstâncias genéricas para garantir uma fórmula de atuação universalizante, mas sim de estar atento ao particular que caracteriza cada situação (ou seja: singularizar-se) e cuidadosamente estudar as possibilidades de acoplamento e conexão junto ao ambiente em que se busca inserir, atuar, tornar visível. Ainda que possam ser vistos como um dispositivo sem escala *a priori*, estes diagramas possuem uma importante efetividade ambiental: para tanto é preciso que esta

[21] *NBP* é a sigla para *Novas Bases para a Personalidade*, projeto de trabalho em progresso que iniciei em 1989, compreendendo um uso múltiplo das diversas linguagens através da convergência de estratégias da arte e do campo comunicativo e de uma investigação do papel do artista em seus desdobramentos em direção às atividades de agenciamento, crítica e curadoria.
[22] V. Lygia Clark e sua proposição de um *metabolismo simbólico*, isto é uma semiótica integrada aos processos orgânicos do corpo (*Memória do Corpo*, em Clark, 1980).

'ausência de escala' seja revertida e os diagramas posicionados espacialmente em relação direta com a arquitetura do local, ocupando as paredes da sala para a qual foram planejados. Assim, um diagrama deve ser redimensionado cada vez que for montado, para que concretize um diálogo com o espaço em torno, configure uma atuação sobre o ambiente. Esta ambientalidade se dá a partir da combinação entre a superfície monocromática e a escala específica do espaço particular em que ocorre a inserção do diagrama: portanto, é importante que suas dimensões construam um diálogo com a arquitetura do local. Talvez possa se dizer que a ambientalidade construída pelos diagramas seja, principalmente, uma função do campo monocromático de suas superfícies e menos o resultado do diagrama em si: é o campo de cor que dialoga com as paredes e o espaço arquitetônico. Cabe ao diagrama dirigir-se diretamente ao espectador que atravessa (ou habita) aquele espaço, intensificando uma relação inter-subjetiva: as linhas e palavras que o compõem constroem um campo de captura do olhar (aqui em termos de atenção e empatia) e constituem uma região de problemas. Entretanto, ao se considerar o evidente funcionamento conjunto e simultâneo de todos os seus elementos, a ambientalidade do diagrama se efetiva a partir da combinação de arquitetura, intensidade cromática, campo discursivo e presença do espectador: diagramas funcionando ativamente, irradiando-se pelo espaço em torno.

A proposição pretendida de engajamento do espectador é mesmo a de 'transformação': deixar-se capturar pelas linhas e palavras, dissolver-se nos campos de cor, como possibilidade de dinamizar-se a partir do envolvimento com as pistas afetivo-conceituais ali estabelecidas[23]. Pode-se dizer que um momento de turbulência é instaurado – um *fora* do equilíbrio[24] – onde o incremento de

---

[23] Os diagramas guardam a característica de serem desenhos realizados com a assistência do computador: é através do dispositivo numérico que se obtém tratamento semelhante para linhas e palavras, que no diagrama se diferenciam sobretudo por suas particularidades de funcionamento e operacionalidade na construção das áreas e campos de sentido. "Na chamada 'textualidade interativa', o que é operativo é a poética da obra aberta em campo eletrônico digital. [...] O autor providencia o espaço, a cartografia, mas cabe ao usuário traçar o seu percurso" (Plaza, 2003, p. 29).

intensidade indica possibilidade de encontro, recombinação e mutação nas partículas de sentido, em direção à re-significação: os diagramas atuam como mapas ou roteiros de tais processos, em que se acumula potência de transformação em busca do instante de efetivá-la. Importa, sobretudo, ter os diagramas como ferramentas de produção de pensamento – e não simples dispositivo para a apresentação de relações pré-determinadas: no caso específico do campo das artes visuais, isto implica em buscar a espacialidade própria da articulação texto/imagem, o lugar em que as matérias da visualidade e do pensamento estabelecem um necessariamente dinâmico encontro produtivo.

[24] A referência aqui é o trabalho do químico Ilya Prigogine e suas investigações sobre o *papel criativo do tempo*: quando a matéria se encontra em estados *longe do equilíbrio* produz de turbulência, em que se notam os seguintes efeitos: 1. produção de correlações de longo alcance; 2. emergência de um elemento casual, da imprevisibilidade e do inesperado; 3. surgem novos estados físicos da matéria, novos comportamentos, uma multiplicidade; 4. o interior do sistema torna-se diferenciado do exterior, configurando um processo de autonomia, formando estruturas; 5. ocorre flexibilidade para abrir-se ao mundo externo, mantendo o sistema em perpétua sintonia com o ambiente (Prigogine, 1990).

# As dobras da imagem
# ou a visibilidade expandida

Cláudio da Costa

Uerj/Uesa

Cada vez mais as imagens surgem a nossa volta. Convivemos com elas diária e cotidianamente nos jornais, nas revistas que estão sobre a mesa, na lata de leite em pó que faço para beber, nos *outdoors* espalhados pelas ruas, no caderno de anotações, no livro-texto da aula, nos santinhos encontrados nas feiras, nas fachadas dos *shoppings*, na televisão, no computador, ou no filme do final de semana. Enfim, não há lugar onde estejamos em que a imagem não esteja a descrever nosso próprio mundo, a reduplicar nossas próprias experiências, a modular nossa realidade. Quando abro um pacote de manteiga, o invólucro me mostra a vaquinha da qual foi tirado o leite. Olhando o jornal, vejo as fotos do crime que ocorreu em minha rua na noite anterior. No cinema, vejo histórias de vidas que se assemelham àquelas da minha vizinhança. Ao ligar o computador, encontro fotografias e textos sobre os acontecimentos mais recentes do Iraque e, com um novo clique, posso encontrar algum trabalho de um artista qualquer utilizando essas mesmas imagens. Há diferenças entre todas essas imagens que percebo ou tudo não passa de simulacros que nos mostram que perdemos o contato com o mundo físico e material[1]?

Afirmar o simulacro é uma maneira de reverter o platonismo e aceitar a multiplicidade falsificante do mundo[2]. Acompanhando

---

[1] Paul Virilio e Jean Baudrillard defendem teses semelhantes ao afirmarem que, com o mundo das novas tecnologias e a alta produção e reprodução de imagens, estamos perdendo o contato com o mundo físico e material. Ver: Baudrillard, 1991, e Virilio, 1993.

[2] O falsificante – ou as potências do falso – em Deleuze se opõe ao verídico. Essa oposição dá-se em quatro níveis: a descrição cristalina ou crônica contra a descrição orgânica; a relação comunicante contra a não comunicação entre real e imaginário; a narração orgânica contra a cristalina; o pensamento falsificante contra o verídico (Deleuze, 1990b, p. 155-188).

as inúmeras classificações das imagens que o filósofo Gilles Deleuze propõe e a diversidade das operações da percepção e dos modos de ver, poderemos começar a vislumbrar que há perdas e ganhos com o excesso de imagens ao nosso redor. Se por um lado aumentam os clichês, as imagens do hábito, as repetições do senso comum, por outro, multiplicam-se as possibilidades de conjugações disjuntivas entre imagens atuais e as que se virtualizaram em nossa memória, em nosso corpo. Nosso contato com o mundo visível pode ser ampliado e expandido, na medida em que relações incongruentes entre imagens distantes espacial e temporalmente são possíveis e, antes, facilitadas no mundo digital. Não cabe dizer que perdemos o contato com o mundo físico na era da expansão das imagens. É verdade que elas estão constantemente modulando nossa experiência com o mundo material e, por isso mesmo, cabe antes afirmar sua potência desestabilizadora. O mundo físico não desapareceu. Aceitando a tese de Bergson do mundo como imagem, poderemos entender seus diferentes regimes e fortalecer aquele que escapa à cultura instituída e ao mundo utilitário do capitalismo avançado.

Bergson rejeitou as teorias do idealismo e do materialismo porque ambas diferenciavam o objeto material da extensão e a imagem imaterial do espírito. Segundo essas vertentes na história da filosofia, o espírito produz imagens ao representar o mundo. Opondo-se a essa distinção, Bergson afirma: tudo é imagem; tudo é movimento. O que não quer dizer que não há distinções no interior da imagem-movimento. O movimento, sendo uma imagem, se distingue como duas faces de uma mesma moeda, em dois regimes: um, a matéria; o outro, o vivo. No primeiro sistema, as imagens agem e reagem umas contra as outras sobre todas as suas faces. No outro, as imagens variam em relação a um centro de indeterminação do movimento, que é o próprio vivo. A matéria é uma imagem-movimento que sente suas próprias variações e não necessita de um olho para percebê-las. Nela, porém, não há tempo, porque o movimento infinito das imagens não permite intervalo. De outro modo, não há diferenciação entre o movimento percebido e o movimento devolvido porque qualquer face da matéria recebe e devolve o movimento. O intervalo só acontece na natureza pela presença do vivo, na medida em que ele recebe o movimento da matéria por sua face sensível (percepção), e devolve-o por sua face motora (ação). Se na matéria o movimento tem uma clara determinação de continuar infinitamente em todas as direções, no vivo ele se torna indeterminado até que seja devolvido ao mundo – como movimento involuntário dos seres poucos desenvolvidos ou como decisão voluntária, possível somente para os homens. Dessa maneira, o movimento é indiferenciado na matéria, mas diferenciado em percepção, afecção e ação, no vivo. Essas três imagens são uma e a mesma coisa, dependendo da parte ou face do vivo a que o movimento da matéria é reportado: na percepção, o movimento é referido à sensibilidade do vivo; já na afecção, ele é relacionado ao cérebro que o qualifica; e, na ação, o movimento é destinado à medula que o devolve ao mundo.

Para Deleuze, esse duplo regime de imagens descreve o sistema das imagens cinematográficas, ou melhor, o cinema da imagem-movimento. Desdobrando o duplo sistema descrito por Bergson, Deleuze acrescentou-lhe novas imagens e somou a todas essas outros signos, tomados ao semiótico americano Charles Sanders Pierce. Toda essa operação remete à intenção do filósofo francês de negar a tese semiológica de que o cinema é linguagem.

Rejeitando os postulados da semiologia de Metz, Deleuze afirma que essa ciência reduz o filme a um signo analógico ao assimilá-lo a um enunciado.

> A semiologia precisa, portanto, de uma dupla transformação: por um lado, a redução da imagem a um signo analógico que pertença a um enunciado; por outro, a codificação desses signos para descobrir a estrutura da linguagem (não analógica) subjacente aos enunciados. Tudo se passará entre

o enunciado por analogia e a estrutura 'digital' ou digitalizada do enunciado (Deleuze, 1990b, p. 39)³.

Imagem e linguagem, para Deleuze, são sistemas distintos e um não pode ser assimilado ao outro.

No duplo regime de imagens, a percepção se refere, antes de tudo, ao movimento infinito anterior à operação do vivo de diferenciação e especificação. A imagem-percepção diz respeito à percepção própria da matéria como luz, antes da formação dos corpos substantivados, qualificados e ativos. Deleuze coloca uma pergunta interessante sobre as imagens em si, essas que não existem para ninguém: como falar de um Aparecer, se nem mesmo há olho? E esclarece:

> Por duas razões, pelo menos. A primeira é para distingui-las das coisas concebidas como corpos. Com efeito, nossa percepção e nossa linguagem distinguem corpos (substantivos), qualidades (adjetivos) e ações (verbos) (Deleuze, 1985b, p. 80).

Essa é a modalidade objetiva da percepção – tal como ela existe nas coisas, isto é, nas imagens que variam umas em relação às outras, sobre todas as suas faces e em todas as suas partes. Para Deleuze, a imagem-matéria foi produzida pela primeira vez na história do cinema pelo cineasta russo do início do século, Dziga Vertov, tendo sido retomada pelo cinema experimental americano, alguns anos mais tarde. A interação universal das imagens, vista em *O homem com a câmera* de Vertov, pode ser apreciada no filme de Michael Snow, *A região central*. No filme de Snow, a modalidade objetiva da percepção é possibilitada por aparelho automático onde é colocada a câmera. Esse dispositivo permite variar os movimentos, os ângulos e as distâncias da câmera que mostra uma paisagem na qual o homem está ausente.

Ao contrário da objetividade da imagem-matéria, a percepção subjetiva ocorre quando todas as imagens variam

---

³ Para uma discussão mais completa sobre a questão, ver Parente, 2000.

em relação a uma imagem central privilegiada. Pode-se dizer que todas as imagens, no filme de Snow, variam para a câmera colocada no equipamento, mas elas não se organizam segundo a necessidade desse centro. O centro tornou-se inócuo, sem função, sem utilidade. O centro não é um sujeito que pode hierarquizar imagens. A objetividade material é mantida. Há, entretanto, imagens subjetivas em sistemas acentrados. Basta que esse centro organizador e diferenciador das imagens seja colocado em movimento. Nesse caso, o relativo se eleva ao absoluto e a sucessão ao simultaneísmo (Deleuze, 1985b, p. 102). Essa percepção subjetiva, que tende ao máximo para o sistema objetivo, produz imagens delirantes e alucinatórias que estão muito próximas da materialidade da interação luminosa. A vanguarda francesa de Epstein, Grémillon, Gance e L'Herbier demonstrou interesse pela água corrente da qual se podia extrair o máximo de mobilidade, ritmo e brilho luminoso, desenvolvendo uma percepção líquida voltada para o lirismo do movimento da água. Certa vertente da vanguarda americana, explorando o mundo da matéria antes da percepção humana, busca a percepção subjetiva no limite da objetividade da matéria, como Stan Brakhage, que apresenta em seus filmes a visão da "aurora de nós mesmos" (Deleuze, 1985b, p. 111)[4].

A percepção do vivo, diferentemente do que a tradição idealista entendeu, não adiciona nada à matéria. As necessidades motoras da percepção útil exigem que o vivo perceba menos da matéria do que ela mesma percebe de si. Para que ele possa perceber alguma coisa substantivamente, o vivo precisa eliminar da matéria muitos de seus movimentos, enquadrando e limitando sua percepção às suas necessidades utilitárias e motoras, isto é, à sua ação possível. Nessa percepção habitual ou sensório-motora, o movimento recebido perde sua singularidade objetiva ou subjetiva: o percepto já não é mais puro, pois agora deve prolongar-se em uma ação possível, envolvendo, portanto, outra imagem.

---

[4] Parente estudou esse cinema-matéria objetivo e o cinema-subjetivo no capítulo "Cinema experimental", de seu livro *Narrativa e modernidade* (Parente, 2000, p. 86-109).

Os perceptos puros são imagens singulares ainda não relativas ao vivo, imagens em que os corpos não têm definição, delineamentos ou limites claros. São também aquelas paisagens desumanizadas e vazias. Mas Deleuze deixa bem claro sua tese: no cinema, a percepção jamais pode ser igualada à percepção natural. Isso porque a percepção cinematográfica – mesmo que subjetiva e desligada da variação universal, voltada para a ação motora - não tem um único centro de ancoragem. A percepção cinematográfica é fundamentalmente dialógica, isto é, diz respeito a uma subjetividade dupla. A subjetiva indireta livre é a base da percepção cinematográfica segundo Deleuze, assim como o discurso indireto livre funda a linguagem para Baktin[5]. A subjetiva indireta livre, a modalidade da percepção cinematográfica em sua forma pura, pressupõe dois sujeitos na atividade perceptiva, um que olha e outro que é percebido no ato de ver. Nesses casos, já não nos encontramos mais diante de imagens subjetivas ou objetivas: somos apanhados numa relação entre uma imagem-percepção e uma consciência-câmera que a transforma. "É um cinema muito especial que adquiriu o gosto de 'fazer sentir a câmera'" (Deleuze, 1985b, p. 99).

O movimento recebido pelo vivo em sua percepção, agora interrompido em seu movimento infinito, deve continuar seu trajeto, seja lá qual for a nova determinação a ser dada pelo vivo. Assim,

---

[5] A tese de uma subjetiva indireta livre é inicialmente proposta por Pasolini em *Empirismo Herege*, partindo de Mikhail Baktin (Pasolini, 1982). No Brasil, essa discussão foi recolocada por Ismail Xavier, que pensa o problema do dialogismo de Baktin e Pasolini e o aproxima ao monólogo interior proposto por Eisenstein. Xavier rejeita, entretanto, o autor no lugar da enunciação do discurso dialógico para substituí-lo pelo narrador interno ao próprio discurso (Xavier, 1993). Deleuze propõe uma diferenciação entre o monólogo interior como sendo uma ordem proveniente de um sujeito, mesmo que inconsciente, e a subjetiva indireta livre, uma percepção dialógica em que estão envolvidas duas subjetividades (Deleuze, 1985b). André Parente voltou ao tema em seu livro *Narrativa e Modernidade* e desenvolve a tese deleuziana de que o monólogo interior foi substituído pela subjetiva indireta livre no cinema moderno, com a diferença de que ele aceita a narrativização como um processo inerente à imagem (Parente, 2000, p. 56-83).

o movimento percebido se prolonga até o cérebro, que não passa de um vazio que, para Bergson, é um intervalo entre o movimento recebido e o executado. A imagem-afecção é a matéria reportada ao centro de indeterminação do movimento, isto é, ao cérebro. Essas imagens são qualidades-potências e se referem aos corpos e às suas causas, mas não são o estado de coisas. A afecção são os efeitos dos corpos sobre o vivo, o expresso do estado de coisas. Estão fora das coordenadas espaço-temporais e por isso são imagens singulares do movimento que tende a se prolongar em ação. Do mesmo modo que a percepção é um duplo regime, as afecções podem ser distinguidas em um duplo estado: um primeiro, como qualidades-potência atualizáveis num estado de coisas individuado e nas conexões reais com certo espaço-tempo correspondente (e nesse caso já são uma ação possível se tornando atual); e um segundo estado, no qual os efeitos são expressos por si mesmos e fora do estado de coisas e das coordenadas espaço-temporais a que podem estar remetidos.

Os afetos puros são as imagens que, por algum motivo, não puderam se prolongar em uma ação, as quais, por isso, acabam por manter conjugações virtuais com outras imagens não atuais. O expresso de um objeto como, por exemplo, a faca é sua qualidade cortante ou mesmo brilhante; o de uma árvore é seu verdejante, o de um homem é o rosto que exprime o terror ou o enternecimento. A imagem-afecção não é propriamente uma sensação, sentimento ou paixão, pois essas categorias são atualizáveis em um estado de coisas e pertencem ao real-atual, ao existente individuado ou aos mundos originários das pulsões. Os sentimentos atualizados, as sensações profundas, são ou da ordem das ações ou das paixões, mas pertencem ao corpo existente, seja ele originário ou atual. A imagem-afecção é de outra ordem sensível, pertence a um mundo Ideal ou Possível: é a qualidade de uma sensação, de um sentimento ou de uma idéia possíveis[6]. O afeto puro não pertence ao atual,

---

[6] Em *A lógica do sentido*, Deleuze (1974) explica o sentido a partir dos estóicos como um acontecimento ideal, o expresso da proposição. Na Imagem-movimento, ele faz a ponte: "Os estóicos mostravam que as próprias coisas eram portadoras de acontecimentos ideais que não se confundiam com suas propriedades, suas ações e reações: o cortante da faca..." (Deleuze, 1985b, p. 125).

como a ação de um corpo, nem ao originário, como a pulsão profunda. Nas frases "isto não é vermelho" ou "isto é vermelho", o afeto é o "vermelho" que está presente em ambas, a qualidade da sensação dessa cor, e não a sensação atualizada no objeto de que se fala. Na percepção de um corpo coberto de sangue ou sobre uma poça informe de massa de tomate, o expresso, o afeto, é a qualidade do vermelho-sangue, que está presente nessa percepção. A qualidade é, porém, apenas um dos pólos da imagem-afecção, sendo o outro, a potência. Deleuze explica essa diferença ao distinguir os dois aspectos de um rosto: o reflexivo, que reflete ou expressa uma qualidade e o intensivo que exprime uma potência, algo que pode vir a acontecer. Mas ao contrário de Bela Balázs (que tanto teorizou o *close*), Deleuze não recusa aos primeiros planos de objetos essas mesmas qualidades do rosto. "O primeiro plano conserva o mesmo poder, o poder de arrancar a imagem das coordenadas espaço-temporais para fazer surgir o afeto puro enquanto expresso" (Deleuze, 1985b, p. 125).

No cinema, a imagem-afecção pode então ser expressa por um rosto ou um detalhe de um objeto retalhados do espaço e pela qualidade-potência exposta num espaço-qualquer. Ao contrário do espaço determinado, o espaço qualquer é fragmentário, construído por desenquadramentos que perderam sua homogeneidade, isto é, o princípio de suas relações de direção e/ou a conexão de suas partes. Nas palavras do filósofo:

> O que a instabilidade, a heterogeneidade, a ausência de ligação de um tal espaço manifestam, na verdade, é uma riqueza em potenciais ou singularidades que são como que as condições prévias a qualquer atualização, a qualquer determinação (Deleuze, 1985b, p. 141).

Este é um espaço de conjunções virtuais, apreendido como lugar do possível e não do atual-real. O espaço-qualquer não tem coordenadas ou direções e é independente de um estado de coisas e dos meios em que se atualizam. São sombras, brancos, cores ou texturas capazes de constituir espaços desconectados ou esvaziados potentes. Assim, pode-se pensar numa montagem que produz relações não a partir das direções e localizações dos objetos, das entradas e saídas dos personagens, mas a partir das qualidades-potências que relacionam afetos e que, por isso mesmo, são desconectados e/ou esvaziados dos prolongamentos finais, que permitem um sistema sensório-motor se completar. Uma montagem, que produz relações entre perceptos e afetos sem prolongá-los às ações num estado de coisas, será uma montagem de sensações desconectadas que podem formar redes de afetos e perceptos puros, isto é, desligados das relações de atualização necessárias à percepção sensório-motora.

*A Imagem-Ação e os Três Momentos da Subjetividade*

A imagem-ação também é dividida por Deleuze em duas espécies: a grande forma e a pequena forma. A imagem-ação da grande forma é o Realismo constituído por meios e comportamentos – cinema tradicionalmente chamado de clássico e que teve em John Ford um de seus mais expoentes diretores. Os meios e os espaços tendem a englobar todos os personagens e as situações, como os céus dos *westerns* que reúnem o conjunto de uma situação envolvendo a tudo e a todos. A ambiência englobante das situações totalizantes atualiza forças (boas ou más) de um determinado meio. Os comportamentos encarnam as qualidades do meio e se tornam ações dos personagens. O que determina uma ação é a percepção da situação. Ela só existe a partir do que o personagem percebe e sente. O personagem atualiza aquilo que percebe em um comportamento. A ação ocorre a partir de uma situação dada num meio determinado. Grandes e pequenas são formas da ação. A grande ação pressupõe uma situação representada organicamente e desenvolvida de maneira tal que a atitude do personagem possa modificar a situação inicial.

Se os *westerns* marcaram o cinema da grande ação, as comédias americanas ficaram conhecidas pelas situações imprecisas e os comportamentos menores. O cinema da pequena ação pressupõe comportamentos insignificantes que abrem situações ambíguas cada vez mais complexas por serem equívocas. A pequena ação pode sempre dizer respeito a duas situações distintas e eqüidistantes. Além disso, ela não se refere a uma situação orgânica prévia, mas a uma situação ambígua que ela abre. De qualquer modo, a pequena ação termina por constituir um corpo ou meio orgânico. O importante é que a imagem sensório-motora é constituída pelo prolongamento que parte da percepção subjetiva do vivo até sua ação reflexa ou escolhida, passando pela afecção.

Deleuze afirma que as imagens percepção, afecção e ação são três momentos da subjetividade humana. Somos, portanto, formados e informados em nossa subjetividade pelas imagens exteriores dos movimentos materiais (mundo físico). Poderíamos incluir, como parte dessa formação ou modulação interior, cada vez mais os movimentos imateriais externos, o mundo artificial das imagens produzidas pela indústria cultural. Todo esse movimento externo age sobre nós e mantém operações que são a ordem e os momentos de nossa subjetividade. O primeiro momento, a percepção, é subtrativo, pois escolhe da coisa apenas o que lhe interessa. Rejeitando uma parte do movimento, a percepção enquadra apenas o que lhe é útil e, uma vez reportado a um centro de indeterminação, o universo se encurva e se organiza, formando um horizonte sobre o qual uma ação possível será atualizada. Deleuze afirma: "Se o mundo se encurva em torno do centro perceptivo, é já então do ponto de vista da ação da qual a percepção é inseparável" (Deleuze, 1985b, p. 86). A percepção reporta o movimento a corpos (substantivos), a ação e a atos (verbos). Já a afecção é o que ocupa o intervalo, é a coincidência entre o sujeito e o objeto, ou melhor, a maneira como o sujeito se percebe a si próprio e se experimenta de dentro, ou ainda, a qualidade do estado de coisas vivido (adjetivo), um terceiro momento da subjetividade.

Para que o prolongamento que vai da imagem-percepção à imagem-ação se dê sem grandes saltos, Deleuze entende que há imagens intermediárias que ligam o afeto à ação. São as chamadas imagens-pulsão, uma espécie de afeto degenerado ou ação embrionária. Os afetos se desenvolvem em espaços-quaisquer (desconectados ou esvaziados), já a ação ocorre em meios determinados e as pulsões se encontram em mundos originários. A pulsão se diferencia do afeto como uma impressão forte se diferencia da expressão. O mundo originário onde as pulsões se apoderam tem caráter informe, uma espécie de "um sem-fundo feito de matérias não-formadas" (Deleuze, 1985b, p. 158). Por isso, não só abundam o esboço, os pedaços, os fetiches, mas também os homens-bichos. A degradação e a entropia são ordens do tempo pulsional, da crueldade do tempo mais profundo dos corpos[7]. Se a imagem-afecção é da ordem da Potência-Ideal, a imagem-ação, do Real-Atual, a pulsão é da ordem do Original-Natural. A imagem-pulsão e os mundos originários freqüentam o naturalismo no cinema, seja com Stroheim, seja com Buñuel.

Todas as imagens descritas até agora fazem parte do regime sensório-motor, imagens produzidas no corpo e nos movimentos dos corpos. Elas podem ser mais ou menos profundas, mas o tempo se constitui na dependência do movimento, cujo centro de ancoragem é o homem. Segundo a terminologia utilizada na *Lógica do sentido*, o tempo é Cronos, sendo que o Cronos da profundidade é um tempo cruel, enquanto ordem do desejo e da carne (Deleuze, 1974). O Cronos profundo em sua

---

[7] Seria interessante entender melhor essa ordem pulsional onde o homem é bicho e o tempo é entrópico com duas outras referências. A primeira no próprio Deleuze quando trata da ordem esquizofrênica da profundidade dos corpos em *Lógica do sentido*. Na décima terceira série, "Do esquizofrênico e da menina", Deleuze diferencia Artaud de Lewis Carrol. A linguagem da profundidade do esquizofrênico é o comer-falar, a paixão explodida e a ação inarticulada, enquanto a palavra de superfície é paradoxo (Deleuze, 1974, p. 85-96). A segunda referência interessante seria a leitura de Yve-Allain Bois e Rosalind Krauss sobre o informe em George Bataille. Os teóricos afirmam quatro operações do informe: o baixo materialismo (a operação da carne, do baixo, do abatedouro, contra a tirania do alto, da idéia, da sublimação pela figura), a horizontalidade (contra a primazia do visual e da verticalidade do campo, afirma-se a boca e olhos do animal virados na posição horizontal), o pulsar (contra a exclusão da temporalidade, o ritmo sincopado da repetição e do tempo estão ligados ao desejo) e a entropia (contra a estrutura e a totalidade) [Krauss e Bois, s/d].

descontinuidade sincopada desfaz o organismo, destitui as estruturas, renuncia e depõe a totalidade. No livro *A imagem-movimento*, Deleuze afirma que a imagem-pulsão tem o mérito de fazer surgir uma "imagem originária do tempo" (Deleuze, 1985b, p. 161). Ele diz: "Com o naturalismo o tempo faz uma aparição muito forte na imagem cinematográfica" (idem, p. 161). É um tempo da inclinação, da descida, da entropia.

> Tempo da entropia ou tempo do eterno retorno, nos dois casos o tempo encontra sua fonte no mundo originário que lhe confere o papel de um destino inexpiável. Enrolado no mundo originário, que é como o começo e o fim do tempo, o tempo se desenrola nos meios derivados. É quase um neoplatonismo do tempo. E é sem dúvida uma das grandezas do naturalismo no cinema, ter aproximado tanto de uma imagem-tempo. O que impedia, no entanto, de atingir o tempo por si mesmo, como forma pura, era a sua obrigação de mantê-lo às coordenadas naturalistas, de colocá-lo na dependência da pulsão (Deleuze, 1985b, p. 162).

Não há dúvida de que a imagem-pulsão, no cinema, aborda o problema do tempo, afirmando toda a sua crueldade; mas, ainda que a paixão esteja explodida e a ação inarticulada, a dependência do tempo sobre o movimento impede uma imagem direta do tempo. A questão que se coloca é: haveria um cinema-corpo, um cinema do corpo-sem-órgãos no qual pudéssemos ter uma imagem encarnada do tempo sem a dependência do movimento das paixões despedaçadas do corpo, independente do movimento da pulsão? Afinal, não teria o pintor inglês Francis Bacon conseguido, para Deleuze, uma imagem direta da sensação e da carne como diagrama (Deleuze, 1981)? Haveria uma imagem do corpo não orgânico no cinema que não a do Naturalismo, cujo tempo da sensação fosse dada diretamente como um diagrama do corpo? Ou o tempo do corpo é sempre entrópico e dependente do movimento das pulsões e do desejo? Essas questões só poderiam ser respondidas em seu livro sobre o cinema da imagem-tempo.

Enquanto o tempo da matéria é pura repetição infinita e sem intervalo, o tempo no corpo do vivo é repetição do hábito ou organização dos movimentos segundo uma memória voluntária. No cinema, o tempo pode se configurar como originário e profundo, mas é ainda promovido pela composição que a montagem opera dos movimentos. O tempo pode se apresentar fundado na percepção material-objetiva, na percepção substantiva-subjetiva, no afeto ideal, na ação real ou na pulsão natural, mas é sempre ordem indireta que depende do movimento do corpo no espaço ou das sensações profundas. No capítulo sobre a montagem, Deleuze distingue quatro grandes escolas de montagem - a orgânica da escola americana, a dialética dos soviéticos, a quantitativa da escola francesa do pré-guerra, a intensiva do expressionismo alemão (Deleuze, 1985b, p. 44-75).

O regime sensório-motor implica, portanto, a imagem-movimento, suas variações e o tempo surgido da composição feita a partir delas pela montagem. Essa variedade de imagens pode, portanto, aparecer em um mesmo filme, ainda que uma dentre elas seja privilegiada, prevalecendo sobre as outras. A grande ação, por exemplo, de um personagem que salva toda sua comunidade da situação de conflito imposta por vilões é o momento de maior *pathos* num filme conhecido como clássico – tradição do cinema industrial americano. Esse tipo de filme requer que o personagem tenha percebido uma situação inicial que o faz sofrer até sua decisão de modificar aquela situação de conflito. Nesse filme, todo personagens, os objetos e os lugares que ele vê terão sua própria expressão e sentidos singulares (afetos). Além disso, podem haver, no mesmo filme, momentos de paixão forte por parte de algum dos personagens. Ele pode até mesmo chegar ao declínio. Mas o momento forte do filme, ainda assim, é a grande ação do personagem central que salva a comunidade da degradação.

Ainda dentro do conjunto das imagens sensório-motoras, as quais são o próprio movimento do mundo referido ao vivo segundo as necessidades motoras e funcionais do organismo, há imagens que se constituem a partir da atividade mental do cérebro, produzindo raciocínios, lembranças e sonhos. Mas há diferenças entre todas essas. As imagens-mentais envolvem o raciocínio e as relações cerebrais. Já as imagens-lembrança pressupõem um retorno voluntário ao passado e as imagens-sonho se relacionam com o inconsciente do sujeito. Todas essas imagens, produtos da atividade mental, se reportam ao movimento e ao presente atual. Ainda que sejam virtuais, podem ser atualizadas nas coordenadas do espaço-tempo. Se, por um lado, na imagem-sonho as coordenadas espaço-temporais podem estar perdidas, por outro, o tempo e o virtual ainda estão referidos ao movimento atual, ao corpo orgânico e ao sujeito do conhecimento e da ação.

As imagens-mentais são, no entanto, especiais nesse processo de descrição da imagem-movimento feita por Deleuze. Elas colocam a ação em crise ao situá-la como problema, ao se constituir como auto-referência. Um exemplo importante no livro do filósofo é o filme *Janela indiscreta*, de Hitchcock, em que o personagem com sua câmera fotográfica pode ver o que ocorre através da janela de seu vizinho, mas não pode agir, uma vez que tem sua perna quebrada. Todo o filme se constitui como auto-referência ao fazer cinematográfico. O tema – um crime a ser solucionado – e o suspense não fazem parte somente da história. São referências que nos remetem ao problema da ação no cinema. Sobretudo porque o personagem necessita de um equipamento fotográfico para aproximar-se de seu objeto. É o instrumento que o permite decifrar o acontecido. O fazer cinematográfico não é único o problema do filme. Também o é a necessidade e a impossibilidade de agir por parte desse que tem sua perna quebrada. Além disso, o filme levanta um dos problemas mais importantes da escrita cinematográfica: o quadro e o fora do quadro. Aquilo que não pode ser visto se passa atrás do cenário, da parede lateral à janela que o personagem enquadra com seu equipamento. O próprio personagem remete ao espectador, que como o primeiro, busca o entendimento do que está acontecendo pelo raciocínio. O espectador entra no filme como participador de um jogo mental.

Sua participação é ativa e se dá pelo raciocínio necessário para a compreensão do filme.

Os filmes de Quentin Tarantino também só podem ser entendidos pelo espectador que raciocina, conjuga e reconjuga imagens, produzindo relações abstratas. Segundo Deleuze, essa é "uma imagem que toma por objeto relações, atos simbólicos sentimentos intelectuais". Em *Kill Bill,* Tarantino é explícito em relação à crise da ação, pois sua personagem principal, depois de ficar alguns anos em coma, retorna à vida, mas para agir terá que ficar 13 horas reeducando seus nervos motores no interior de uma *pick-up*. A explicitude e auto-referência à ação, as muitas citações ao mundo das imagens e a desorganização temporal do filme forçam ao raciocínio o espectador que reconfigura e reconstitui as coordenadas do espaço-tempo. A crise da ação não produz imagens-tempo diretas, pois faltam as relações ilógicas. Há vazios e brechas, mas esses não remetem ao mundo virtual do pensamento não atualizável, a um fora absoluto do pensamento e do corpo, ao impensado. Ao contrário, o vazio e as brechas promovem a necessidade de recompor as imagens, ainda que somente intelectualmente por parte do espectador.

Esse cinema mental, ao oferecer ao espectador a imagem e a ação como problema, coloca em crise a imagem-movimento, comprometendo todo o sistema sensório-motor e seus encadeamentos.

> A alma do cinema exige cada vez mais pensamento, mesmo se o pensamento começa por desfazer os sistemas das ações, das percepções e afecções dos quais o cinema se alimentara até então (Deleuze, 1985b, p. 253).

O comprometimento do sensório-motor implica em situações dispersivas e não globalizantes; a realidade torna-se lacunar com a perda dos encadeamentos entre os acontecimentos; os comportamentos dos personagens tornam-se movimentos sem objetivos, perambulações e não ações determinadas; os clichês passam a constituir a miséria interior e exterior, simultaneamente.

Por fim, os mesmos clichês formam um complô criminoso, uma organização do Poder que desdobra clichês óticos, sonoros e psíquicos. As três primeiras características vão aparecer no cinema neo-realista italiano. Elas e as outras duas características reaparecem no novo cinema americano e na Nouvelle Vague. Deleuze afirma, entretanto, que a crise da imagem-ação é apenas "a condição negativa para o surgimento de uma nova imagem pensante" (Deleuze, 1985b, p. 264).

As novas imagens, uma vez desligadas do esquema sensório-motor e de seus prolongamentos, são ótico-sonoras puras. Essas imagens já não dependem mais do movimento, nem se organizam segundo um sujeito que as percebe, mas segundo um pensamento que é virtualidade pura. Deleuze, em seu livro *A lógica do sentido*, distingue o tempo dos corpos e o tempo do espírito (Cronos e Aion, respectivamente – Deleuze, 1974). Como vimos, há o bom Cronos do tempo orgânico e o mau Cronos da profundidade dos corpos. Deleuze descreve, ainda, Aion como o tempo ligado ao sentido e ao afeto expresso pelas palavras. Porém, o sentido não está na proposição e nem nos corpos ou no estado de coisas, mas sim entre um e outro. Assim há palavras que remetem às sensações profundas e outras aos sentidos de superfície, dessa forma, os paradoxos seriam operações de palavras que surgem do pensamento e não da profundidade dos corpos. Nos livros sobre cinema, Deleuze fala de imagens indiretas de tempo como a composição ou agenciamento das imagens-movimento (percepção, afecção, pulsão, ação) operada pela montagem e imagens diretas do tempo, em que imagens sensórias, óticas e sonoras puras - perceptos e afetos - não se prolongam em ação, nem são partes de um corpo, de uma situação, de um movimento, ou de um estado de coisas. As duas imagens do tempo são durações efetivas, ou seja, Deleuze não considera que a imagem-movimento nos dá um tempo homogêneo ou uma duração espacializada. Ao contrário, a duração de uma imagem-movimento qualquer é efetiva, porém indireta, pois é dada como composição do movimento. Já a imagem direta do tempo é o próprio Acontecimento. Não se pressupõe um movimento anterior que pode ser composto, mas um acontecimento, essencialmente cinematográfico, que é produzido. Esse cinema da imagem tempo direta produziria imagens virtuais de um pensamento que é também corpo e de um corpo que é também pensamento. Assim, as imagens sensórias puras (e só têm esse qualitativo por não se prolongarem em ação) se conectam com outras imagens virtuais, marcas e cicatrizes do corpo ou acontecimentos do pensamento cinematográfico.

Deleuze quer descobrir as imagens de um corpo cujas partes não ordenadas ainda não separou o interior do exterior. Além disso, busca um devir das posturas do corpo e um devir dos afetos do pensamento. São imagens invisíveis que não podem se tornar visíveis por necessidades orgânicas do corpo. São imagens virtuais vindas de um fora absoluto da ordem dos corpos e/ou do pensamento. São imagens do devir, dos afetos puros do corpo e do pensamento, imagens falsificantes de um espírito criador sem sujeito criador, imagens cujas máscaras múltiplas não pressupõem jamais um verdadeiro por trás. A imagem-sonho, que estaria mais próxima dessas imagens virtuais puras, ainda pressupõe um sujeito estruturado por um inconsciente. As imagens que Deleuze busca não podem ser referidas a um sujeito, pois são criadoras por si mesmas. Como as imagens-matéria, elas são fluxos independentes e provenientes de uma exterioridade absoluta. Elas são criadas por conjunções virtuais que não dependem do movimento do sujeito, seja inconsciente ou consciente, do conhecimento ou da ação. As imagens-tempo diretas pertencem a um mundo transcendental que está nos corpos como posturas ou cicatrizes e por isso já são um corpo que é também pensamento. Marcas e cicatrizes na superfície dos corpos já são pensamento expresso. E, se envolvem um cérebro, já não é aquele descrito por Bergson, o vazio entre excitação e resposta, mas a membrana que separa e também conjuga um interior sempre mais profundo e um exterior sempre mais longínquo: um cérebro como sistema acentrado de imagens.

# A amizade filosófica entre Deleuze e Foucault: Questões em torno da noção de poder

Leonel Azevedo de Aguiar

PUC-RJ

*Um dia, talvez, o século será deleuzeano*[1]. Foi com esta entusiasmada e surpreendente expressão que Foucault saudou, em um artigo publicado em novembro de 1970 na revista *Critique*, o aparecimento de dois livros de Deleuze: *Diferença e repetição* (1988a) e *Lógica do sentido* (1974). Este elogio marca a continuidade de uma amizade entre os dois filósofos que se iniciou em 1962, quando se conheceram em Clermont-Ferrand. Amizade que nasce sob o signo de Nietzsche: Deleuze tinha acabado de publicar *Nietzsche e a filosofia* (1976b) e convida Foucault para participar de um colóquio[2] que estava organizando, dedicado ao pensador alemão. Logo depois, ambos assumem a responsabilidade pela versão francesa das obras completas de Nietzsche na editora Gallimard e, em um raro texto escrito em conjunto, destacam: "desejamos que o novo dia, trazido pelos inéditos, seja o do retorno a Nietzsche" (Deleuze e Foucault em Motta, 2000, p. 39).

Uma amizade filosófica que se manteve ao longo dos anos e que foi multiplicada por uma série de artigos compartilhados, nos quais cada um elogiava as publicações do outro e que teve início, em 1963, na revista *Art*, com Deleuze comentando o

---

[1] Antes desse artigo publicado na revista *Critique* (Foucault, 1970, p. 908 e, em português, Motta, 2000. p. 230), Foucault publicou outro artigo elogiando o livro *Diferença e repetição* no *Le Nouvel Observateur*, intitulado *Ariadne enforcou-se* (1969, p. 141-144).

[2] Do Colóquio de Royaumont, realizado em julho de 1964, cabe destacar, de cada um, os textos de Deleuze, *Sobre a vontade de potência e o eterno retorno* (Escobar, 1985), e de Foucault, *Nietzsche, Freud e Marx* (Motta, 2000, p. 40-55).

livro de Foucault sobre Raymond Roussel. As análises do pensamento foucaultiano prosseguem nos inventivos exercícios filosóficos de Deleuze: em 1966, resenha *As palavras e as coisas* em *Le Nouvel Observateur* (1966b), na revista *Critique*, um local privilegiado para este diálogo, produz dois célebres estudos sobre *Arqueologia do saber* – Um novo arquivista (1970[3]) – e *Vigiar e punir* – Escritor não: um novo cartógrafo (1975[4]).

Uma amizade política: em 1971, quando Foucault organiza o Grupo Informação Prisões, Deleuze é um dos primeiros a aderir e participa ativamente de diversas manifestações do GIP. A concordância política entre eles fica claramente expressa em um longo diálogo publicado na revista *L'Arc*[5], que dedica número especial a Deleuze. Neste debate sobre o papel dos intelectuais e a questão do poder, eles definem o novo modo de vivenciar as relações teoria-prática e, baseados na figura do intelectual voltado para um processo de totalização teórica – do qual Jean-Paul Sartre é o modelo – eles contrapõem o intelectual específico. Sendo assim, se para Deleuze as relações teoria-prática são muito mais parciais e fragmentárias, não cabe mais ao intelectual teórico ser a consciência representativa das lutas políticas e apontar seus significados.

Neste sentido, uma teoria é sempre local e circunscrita a um determinado domínio, ainda que possa ser aplicada a um outro domínio; porém, esta aplicação não será por semelhança. O intelectual específico é aquele que deve atuar sobre lutas locais em lugares determinados, pois a teoria precisa funcionar como "uma caixa de ferramentas" (Deleuze e Foucault em

---

[3] Texto republicado e modificado em Deleuze, 1988b, p. 13-32.
[4] Texto republicado e modificado em Deleuze, 1988b, p. 33-53.
[5] A publicação, em 1972, de *O anti-Édipo*, com Felix Guattari, faz de Deleuze um dos principais pensadores do pós-maio de 68. É neste contexto que a revista *L'Arc* dedica-lhe um número especial. Sobre o diálogo Foucault-Deleuze, em português, ver de Deleuze e Foucault, *Os intelectuais e o poder* (Foucault, 1990, p. 69-78).

Foucault, 1990, p. 71) disponível para ser utilizada pelos movimentos políticos setoriais. Os dois filósofos também estão de acordo sobre a vinculação das lutas locais dos movimentos sociais e as políticas globais que reproduzem o sistema do poder em todos os lugares. O que dá generalidade às lutas locais é o próprio sistema do poder, com suas formas de exercício e aplicação. Ou, conforme Deleuze: "não se pode tocar em nenhum ponto de aplicação do poder sem se defrontar com este conjunto difuso que se é levado a explodir a partir da menor reivindicação" (idem, p. 78). Entretanto, apesar de toda concordância neste momento, será exatamente em torno da questão do poder e da atuação política que se produzirá o afastamento teórico e o distanciamento da convivência entre eles.

Publicado três anos antes de *Vigiar e punir*, *O anti-Édipo*[6] acaba se tornando referência teórica imprescindível para Foucault desenvolver sua analítica de uma microfísica do poder e suas relações com o saber. É possível que o livro de Deleuze e Guattari tenha se tornado, para Foucault, "uma obra constrangedora" (Ewald, 1996, p.14). Ele admite que, como não foi o primeiro a trabalhar na direção das relações poder-saber, tornou-se impossível "medir por referências ou citações o que este livro deve a Deleuze e ao trabalho feito por ele com Guattari"[7]. Em 1977, Foucault escreve o prefácio da edição americana de *O anti-Édipo*, apontando a "profusão extraordinária de noções novas e de conceitos-surpresa"[8], presentes no que considera um livro de ética que deve ser abordado como uma arte de viver contra todas as formas de

---

[6] Originalmente, *O anti-Édipo* foi publicado em 1972 e *Vigiar e punir*, em 1975.
[7] Antes de *Vigiar e punir* (original de 1975), Foucault já havia apresentado a sua própria análise da tragédia de Sófocles em uma série de conferências, realizadas na PUC-Rio em maio de 1973, referindo-se diretamente ao escrito da dupla (cf. Foucault, 1996).
[8] Foucault, *Anti-Édipo: uma introdução à vida não-fascista* (em Escobar, 1991. p. 82).

fascismo. Entretanto, a intensa relação de amizade não sobrevive à reorganização das opções políticas e, a partir do começo de 1978, Foucault e Deleuze nunca mais se vêem. O diálogo entre eles é interrompido.

Apesar de não mais se encontrarem, não se pode dizer que houve uma ruptura: "eles simplesmente deixaram de se ver; ou melhor, Foucault quis se afastar dessa relação que tanto significara para ele"[9]. Em junho de 1984, quando já estava internado, um dos últimos desejos de Foucault foi rever Deleuze. Não houve tempo, mas na última homenagem, no pátio atrás do Hospital de Salpêtrière, uma multidão escuta as palavras pronunciadas por Deleuze, retiradas da última obra foucaultina: "o que é filosofar hoje em dia – quero dizer, atividade filosófica – senão o trabalho crítico do pensamento sobre o próprio pensamento?" (Foucault, 1984b, p. 13). Dois anos após a morte de Foucault, Deleuze publica um livro em homenagem ao amigo, contendo seis estudos que testemunham a retomada do diálogo: "procuro a lógica do seu pensamento, que me parece ser uma das maiores filosofias modernas"[10].

Será, portanto, a partir desse livro escrito por admiração de Deleuze para com Foucault que retomaremos a discussão das relações entre saber e poder e entre poder e subjetividade. "O

---

[9] Segundo Eribon, biógrafo de Foucault, o principal motivo do afastamento entre os dois filósofos foi a discordância em torno de um fato político. Apesar de ambos tomarem posição contrária à extradição, em 1977, do advogado do grupo guerrilheiro *Baader*, Klaus Croissant, que havia pedido asilo político na França, suas posições eram discordantes. Foucault quer limitar sua atuação a um estrito problema jurídico, defendendo apenas os direitos da defesa e se colocando contra a extradição do advogado por esse motivo. Entretanto, Foucault se nega a apoiar um grupo que considera terrorista. Já Deleuze prefere assinar, com Guattari, um manifesto que apresenta a antiga Alemanha Ocidental como um país que caminha para a ditadura policial e defende a atuação do grupo de extrema-esquerda alemão (Eribon, 1990. p. 241).
[10] *A vida como obra de arte* (Deleuze, 1996. p. 69-81). Esta entrevista foi publicada, originalmente, pelo *Le Nouvel Observateur*, (29 de agosto de 1986), por ocasião do lançamento do livro *Foucault* (original também de 1986).

poder é força e relações de forças, e não forma: a concepção das relações de forças, prolongando Nietzsche, é um dos pontos mais importantes do pensamento de Foucault" (idem, p. 75).

## Uma Analítica do Poder

Os acontecimentos da década de 60 produziram um ponto de inflexão no campo de ação política da Modernidade, pois as temáticas das novas formas de lutas sociais desenharam um contexto que criou condições de possibilidade para a elaboração da noção de microfísica do poder e para a questão dos processos de constituição de novas subjetividades.

Deste modo, refletir sobre a questão das relações de poder nas sociedades contemporâneas, utilizando-se do método genealógico foucaultiano, é realizar uma análise "a partir de uma questão presente"[11]. Devemos analisar o poder não como uma totalização, estando localizado em um ponto único e centralizado do Estado, e sim como uma rede difusa e plural que se manifesta em práticas cotidianas reais e concretas. Esta nova concepção de poder critica as análises tradicionais do pensamento marxista, que só enxergam a manifestação do poder na forma do Estado e nos seus *aparelhos ideológicos*. Tal concepção de poder leva, "quando nos voltamos para os indivíduos, a que só encontremos o poder em suas cabeças, sob a forma de representação, aceitação ou interiorização"[12]. Entretanto, para os novos movimentos sociais, as relações de poder deixam de ser um problema periférico para se tornarem uma questão central.

Aqui, no enfoque foucaultiano, poder não é mais, necessariamente, aquilo que se censura e que se reprime: a proibição e o interdito, longe de serem as formas essenciais do poder, são apenas seus limites, as formas frustradas ou extremas. O poder é produtivo: mais do que atuarem por

[11] Cf. Foucault, *O cuidado com a verdade* (em Escobar, 1984. p. 81).
[12] *Não ao sexo rei* (em Foucault, 1990. p. 237).

repressão e violência, as relações de poder são produtivas. O poder produz saber, imbricando continuamente poder e saber, de modo que "não há relação de poder sem constituição correlata de um campo de saber, nem saber que não suponha e não constitua, ao mesmo tempo, relações de poder" (Foucault, 1977, p. 30). Assim, contestar a tese de que o poder localiza-se no aparelho de Estado – estando subordinado a um modo de produção, a uma infra-estrutura econômica – é afirmar que as relações de poder são imanentes a outros tipos de relações (processos econômicos, relações de conhecimentos, relacionamentos sexuais), não estando em posição de superestrutura, mas possuindo, "lá onde atuam, um papel diretamente produtor" (Foucault, 1980a, p. 90).

Logo, se o poder não está localizado no aparelho de Estado, é o próprio Estado que se torna o resultado de uma multiplicidade de engrenagens e de focos que constituem uma microfísica do poder. O poder passa a ser menos propriedade de uma classe e mais uma estratégia: o poder se exerce mais do que se possui, não sendo o privilégio adquirido ou conservado da classe dominante, mas o efeito de conjunto de suas posições estratégicas. Por não existir mais um lugar privilegiado de onde possa ser exercido, o poder torna-se difuso, não localizável, sendo exercido a partir de inúmeros pontos e em meio a relações desiguais e móveis.

Como o poder não emana de uma matriz única, de onde se disseminaria por toda a sociedade, a resistência acaba não sendo exterior ao poder. Isto é, "onde há poder, há resistência" (Foucault, 1980a, p. 91) significa – além de apontar o caráter relacional das correlações de poder – que os pontos de resistência estão presentes em toda a rede de poder, não havendo o lugar do foco de rebelião ou da grande recusa. Como o poder é exercido a partir de inúmeros pontos, as resistências acontecem sempre no plural. A questão torna-se, então, como escapar das malhas finas do poder, já que mesmo as resistências estão colocadas no campo estratégico das relações de poder e aí se inscrevem como o interlocutor irredutível.

Forças que não estavam ligadas ao ideal da revolução e que não se vinculavam ao fundamento político moderno entram em cena. O cenário político da década de 60 cria as condições de possibilidade para a emergência de novos movimentos sociais os quais apostam que as mudanças sociais só acontecerão se os mecanismos de poder, que funcionam fora dos aparelhos de Estado, no nível da vida cotidiana, forem modificados. Emergência significa além de pontos singulares do aparecimento de algo que se produz no jogo de forças, a entrada em cena das forças, designando um lugar de afrontamento, ou melhor, "um não-lugar", "teatro sem lugar"[13] onde os adversários não pertencem ao mesmo espaço.

Construir estratégias específicas de luta significa questionar como o poder é exercido e quais são as relações da subjetividade com o poder. A questão ético-política desses movimentos sociais é colocar a questão da subjetividade vinculada ao exercício do poder, em que a noção de poder passa a ser entendida como uma ação sobre outra ação que produz uma dobra. O que estes novos movimentos sociais incorporam aos campos de luta contra as experiências fundamentais de dominação – na ordem étnica, de povos sobre povos, e na ordem econômica – são as problematizações na ordem da subjetividade. Além dessas duas formas de dominação na sociedade – nas ordens étnicas e econômicas –, a dominação na ordem da subjetividade surge como problema político central na configuração social contemporânea.

No quadro típico da Modernidade, a analítica foucaultina aponta como o poder se exerce nas práticas gerais e cotidianas, destacando um poder disciplinar enquanto produtor de saber e conhecimento. Esta é uma modalidade moderna do poder centrada na produção de processos de individualização, postos em prática a partir de determinados dispositivos: o olhar hierárquico, a sanção normalizadora e as técnicas de exames. O poder disciplinar marca o momento em que se efetua a troca

---

[13] *Nietzsche, a genealogia e a História* (Foucault, 1990, p. 26).

do eixo político da individualização. No regime disciplinar moderno, o processo de individualização torna-se descendente, sendo que, quanto mais anônimo e funcional em seu exercício, mais o poder vai individualizar. "Em um sistema de disciplina, a criança é mais individualizada que o adulto; o doente o é antes do homem são; o louco e o delinqüente mais que o normal e o não-delinquente" (Foucault, 1977, p. 171).

Com a Modernidade, há uma transformação nos processos de individualização, passando dos mecanismos histórico-rituais das sociedades feudais para a formação da individualidade por mecanismos científico-disciplinares. A crítica formulada pelos novos sujeitos históricos relaciona-se também ao modelo de indivíduo moderno, por este ser uma representação ideológica da Modernidade e por tornar-se uma realidade produzida por uma tecnologia específica de poder: a disciplina. Mas, como já destacamos, esta crítica ressalta a positividade produtora do poder, apontando para a produção de uma realidade social: "o poder produz campos de objetos e rituais da verdade; o indivíduo e o conhecimento que dele se pode ter se originam nessa produção" (Foucault, 1977, p. 172).

Deste modo, compreender o poder como multiplicidade de correlações de forças imanentes ao domínio onde se exercem e constitutivas de sua organização é nomeá-lo como uma situação estratégica complexa numa determinada sociedade. Esta onipresença do poder aponta que ele provém de todos os lugares, atuando em um nível micropolítico e sendo exercido a partir de inúmeros pontos e em meio a relações desiguais e móveis. O poder surge de baixo e se distribui por lateralidades, possuindo um papel produtor nos diversos afrontamentos locais: as relações de poder são intencionais, pois são exercidas a partir de cálculos, miras, objetivos.

Uma concepção de poder a partir desses eixos implica em abandonar os postulados que marcaram as análises marxistas tradicionais[14]. Nesta perspectiva, o postulado da propriedade do poder é concebido como restrito a relações de posse a partir de uma classe dominante. Apesar de não negar a existência das classes sociais e da luta de classes, a analítica foucaultina do poder coloca as lutas políticas em outros cenários, com novos sujeitos históricos. O poder é mais uma estratégia do que propriedade de uma classe que o conquistou, ou seja, o poder "se exerce mais do que se possui, não é o privilégio adquirido ou conservado da classe dominante, mas o efeito de conjunto de suas posições estratégicas" (Foucault, 1977, p. 29). Sendo uma estratégia, os efeitos do poder são atribuídos às disposições, manobras, táticas, técnicas e funcionamentos. As relações de poder não são unívocas e são definidas por inúmeros pontos de luta e focos de instabilidades, comportando possibilidades de lutas e de inversão – ainda que transitória – da relação de forças.

O postulado tradicional da localização descreve o poder como poder de Estado, localizado no aparelho de Estado. Entretanto, o que possibilita ao poder tornar seu exercício inteligível e usar seus mecanismos de saber não está no foco único de soberania. Aliás, a soberania do Estado é apenas uma das formas terminais de poder. É preciso inverter a direção: o Estado é resultante de uma multiplicidade de agenciamentos políticos situados em níveis diferentes e que constituem uma microfísica do poder. Assim, o poder não está localizado no Estado e nos seus aparelhos ideológicos, pois, apesar de não ser uma unidade global de dominação, o poder está em toda parte, já que não existe um lugar privilegiado onde possa ser exercido. Mesmo sendo exercido localmente, o poder não é localizável em um determinado lugar porque é difuso, ubíquo e atravessa todas as linhas da vida social, conduzindo seus efeitos até os elementos mais infinitesimais.

Há o postulado que descreve o poder exercido através dos aparelhos de Estado como subordinação a um modo de

---

[14] *As dobras ou o lado de dentro do pensamento (subjetivação)* (Deleuze, 1988b, p. 101-130).

produção e a uma infra-estrutura econômica. Devemos substituir a imagem piramidal marxista por um plano de imanência em que os focos de poder e suas tecnologias componham um número equivalente de segmentos que se articulem uns sobre os outros. Já afirmamos antes: as relações de poder são imanentes a outros tipos de relações, ou seja, não estão em posição de exterioridade. As características dessa modalidade de poder são a imanência de seu campo, a continuidade de sua linha e de seus segmentos, não contando com unificação transcendente, centralização global ou totalização distintiva. Assim, no seu próprio modo de atuação, as relações de poder possuem um papel de produção, sendo efeito imediato das partilhas, desigualdades e desequilíbrios que se produzem nelas e, reciprocamente, das condições internas destas diferenciações.

Pelo postulado da essência ou do atributo, o poder qualifica aqueles que o possuem como classe dominante em oposição binária e global aos que são dominados. Mas o poder é operatório e relacional, não tendo essência, nem sendo atributo que qualifique seus detentores, ou seja, a relação de poder é o conjunto das relações de forças, passando pelas forças dominantes e dominadas. Devemos compreender o poder como a multiplicidade de correlações das forças imanentes ao domínio em que se exercem e das constitutivas de sua organização, sendo recusada a reificação e polarização do poder. Se o poder vem de baixo, ele se espacializa, não apenas quanto a seus efeitos, mas também em relação aos seus pontos de singularidades. As múltiplas correlações de força se formam e atuam nos aparelhos de produção, nas fábricas, nos grupos restritos e instituições, sendo suporte a amplos efeitos de clivagem que atravessam o conjunto do corpo social.

Agir por violência ou ideologia, reprimindo ou iludindo, faz parte da modalidade do poder. Só que, antes de agir por repressão, o poder produz realidade; antes de ideologizar, produz "campos de objetos e rituais da verdade" (Foucault, 1977, p. 172). Contrapondo-se à tese de que o poder age apenas pela violência ou pelo convencimento ideológico, deve-se afirmar a positividade produtora do poder: demarcar realidades, ativar processos de subjetivação, individualizar os corpos, fazer agir e falar. O poder é uma rede produtiva que atravessa com eficácia todo o corpo social, não sendo apenas uma instância negativa que tem por função reprimir. Se o poder fosse identificado apenas como proibição e repressão, não seria possível justificar a adesão daqueles que a ele se submetem.

Pelo postulado da legalidade, o poder do Estado tem seu princípio na lei, signo da imparcialidade e justiça. Nesta concepção, a lei é definida em oposição à ilegalidade e o Estado de Direito se opõe à força. Outra perspectiva é entender a lei como uma composição de ilegalismos, que esta mesma lei diferencia ao formalizá-los. A crítica é contra a concepção de que o poder do Estado se exprime na lei, entendida como um estado de paz imposto e como suspensão forçada ou voluntária de uma guerra. Mas apenas uma parte da multiplicidade de correlações de força toma a forma de guerra ou política, duas estratégias diferentes que podem se transformar uma na outra. Se a política for agora a guerra prolongada por outros meios, a lei se tornará simultaneamente a própria guerra e a sua estratégia em ato, ou seja, o modelo jurídico não recobre mais o mapa estratégico das forças.

Analisar os mecanismos do poder, a partir de uma estratégia imanente às correlações de força, é apontar para os investimentos na ordem do poder político. Afirmar a regra da imanência é dizer que não há nenhuma exterioridade entre as técnicas de saber e as estratégias de poder, ainda que cada uma tenha seu papel específico e que se articulem entre si a partir de suas diferenças. Estratégias e técnicas, conjuntamente, constituem focos locais de poder/saber. O que devemos buscar é o esquema das modificações que as correlações de força implicam através de seu próprio jogo. A dinâmica extremamente móvel de funcionamento do poder ressalta que as relações de poder/saber são matrizes de transformações. Esse movimento de transformações está inserido dentro de uma estratégia global que, por sua vez, se apóia em diversas relações locais de poder.

Já a relação que se estabelece entre o nível estratégico e global e o nível local e tático implica em um duplo condicionamento, no qual não há descontinuidade nem homogeneidade, apesar das diferenças e especificidades. O modo de articulação dos dispositivos de poder e as estratégias globais é caracterizado exatamente por esta determinação recíproca. Duplo condicionamento: "de uma estratégia, através da especificidade das táticas possíveis; e das táticas, pelo invólucro estratégico que as faz funcionar" (Foucault, 1980a, p. 95).

Admitir a complexidade e a instabilidade desse jogo – em que o discurso pode ser, simultaneamente, instrumento e efeito de poder e, também, ponto de resistência e ponto de partida de uma estratégia oposta – é admitir a polivalência tática dos discursos. "O discurso veicula e produz poder; reforça-o mas também o mina, expõe, debilita e permite barrá-lo" (Foucault, 1980a, p. 96). O que devemos ter em mira são efeitos recíprocos de poder e saber que os discursos produzem. Também precisamos perguntar qual é a conjuntura e a correlação de forças, que tornam imprescritível a utilização do discurso como articulação entre poder e saber.

Romper com a análise mecanicista e idealista do poder é substituir o modelo do direito pelo modelo estratégico, o qual apresenta o poder como difuso e totalizante, simultaneamente; ou seja, um poder onipresente. Mas um poder que também é relacional e mutável, ou seja, susceptível. A concepção de poder como uma estratégia mostra que quaisquer rupturas nas linhas de poder tornam-se lutas políticas. Torna-se uma inversão da noção de poder dominante, onde o centro da luta política é a relação entre capital e trabalho, priorizando-se as mudanças políticas e econômicas. Se a rede de dispositivos do poder abrange amplos e diversos setores de organização da vida, inúmeros são os pontos de ruptura que podem ser acionados para produzir uma transformação global.

Para as lutas singularizantes dos novos movimentos sociais, esta analítica foucaultiana descortina os processos de subjetivação como práticas de poder/saber, que têm o corpo por espaço de manifestação. É pelo corpo que se dá a associação entre poder e saber (ou então, poder e saber seriam abstrações). Teorizar sobre os novos sujeitos históricos é pensar como o sujeito se constitui como produto de um processo de subjetivação no entrecruzamento de poder e saber no corpo.

O que as novas subjetividades colocam em jogo são os critérios de uma estética da existência: a produção da vida como uma obra de arte, a elaboração estilística do eu no caminho de construção de um grupo-sujeito. Produzir novas experiências de sentido, dentro das condições históricas da Contemporaneidade, é apostar na emergência de subjetividades que causam rupturas em diversos e simultâneos pontos da rede do poder.

## Práticas Micropolíticas como Resistências

No campo da política, as novas singularidades propostas pelos diversos movimentos sociais emergem como resistência e ruptura, em relação aos processos de usinagem homogeneizante das subjetividades submetidas à ordem do capital. As possibilidades de construção de outras subjetividades, que se produzam como ruptura na subjetividade dominante de massa-consumidora, são múltiplas e várias, não se limitando ao campo dos novos movimentos sociais. O surgimento das novas subjetividades acontece de uma maneira mais próxima de uma ruptura dionisíaca do que de uma gestação apolínea, levando a deslocamentos na História.

Como um operador semiótico a serviço de formações sociais determinadas, o capital assume a regulagem e a sobrecodificação das relações de poder próprias às sociedades contemporâneas. Para manter sua reprodução, o capitalismo é obrigado a construir e impor seus próprios modelos de desejo, produzindo um "inconsciente maquínico" (cf. Guattari, 1988), que se expande muito além dos limites do inconsciente psicanalítico como dispositivo intrapsíquico. A mídia, a publicidade e os equipamentos coletivos reportam-se, incessantemente, às técnicas de recentralização do inconsciente no sujeito individuado, mas produzem, de fato, um inconsciente maquínico que, além de abranger as individualidades, também produz intensamente as forças sociais e as realidades históricas.

O inconsciente maquínico também pode reterritorializar novas formas de singularidades. São fluxos esquizos, que abrem as possibilidades de novos agenciamentos de enunciação: simultaneidade de sujeito, objeto e meio de expressão, ruptura da tripartição entre o campo da realidade, o campo da representação e o campo da subjetividade. Os agenciamentos coletivos de enunciação produzem seus próprios meios de expressão, pois trabalham, simultaneamente, com os fluxos semióticos, os fluxos materiais e os fluxos sociais.

Por não coincidirem com as individualidades biológicas, os agenciamentos coletivos de enunciação possuem um caráter diferente de uma enunciação individuada, instância reificadora da significação dominante. A enunciação maquínica circunscreve grupos-sujeitos que atravessam ordens diferentes, possibilitando a proliferação de um conjunto de máquinas desejantes, produções singulares e heterogêneas: os novos movimentos sociais. "Só um grupo-sujeito pode trabalhar fluxos semióticos, quebrar as significações, abrir a linguagem para outros desejos e forjar outras realidades"[15].

A prática micropolítica realiza-se através de uma rede de revoluções moleculares operando em processos maquínicos: devir, platô de intensidade pelo qual o *inconsciente maquínico* nos faz transitar. O devir liga-se à possibilidade ou não de um processo se singularizar: devir mulher, devir criança, devir negro, devir homossexual, etc. Entrar em ruptura com as estratificações dominantes é produzir processos de subjetivação como uma problemática da multiplicidade e da pluralidade, e não como identidade cultural, de retorno do Mesmo. Se a desterritorialização da produção gera a molecularização do fascismo, as

[15] *Micropolítica do fascismo* (Guattari, 1981. p. 179).

revoluções moleculares são as forças sociais e materiais que inventam criativamente o desejo de mutação. Revolução molecular: transformação radical das relações sociais em todos os níveis, movimento global de retomada das máquinas técnicas pelas máquinas desejantes, correlativa da promoção de práticas analíticas e micropolíticas novas.

É necessária uma distinção entre os conceitos de indivíduo, subjetividade e singularidade. O termo indivíduo deve ser entendido como uma entidade abstrata produzida pela modelização, serialização e fragmentação nas sociedades capitalistas. Já a subjetividade é produzida por agenciamentos de enunciação, sendo fabricada e modelada no registro social: os processos de subjetivação não são centrados em indivíduos ou em grupos, por serem duplamente descentrados. Os processos de subjetivação implicam no funcionamento de máquinas de expressão, que são de caráter extra-individual e infrapsíquica, uma função cuja fonte é o modo de organização social, política, econômica, jurídica e cultural. Singularidade, ou processo de singularização, é a criação de novos territórios de vida, cruzamento transversal inesperado de territórios já existentes, ação subversiva do desejo como semiotização inédita da existência social, e não como representação ou simbolização.

Seguimos o caminho teórico aberto por autores que realizaram a tarefa da elaboração de conceitos, para captar a crise global contemporânea, e que não se situasse apenas ao nível das relações sociais explícitas, mas envolvendo também uma "crise dos modos de subjetivação, dos modos de organização e de sociabilidade, das formas de investimento coletivo de formações do inconsciente" (Guattari e Rolnik, 1986, p. 191). A atual crise mundial é a crise dos modos de semiotização do capitalismo. Ou seja, esta crise é das semióticas de modelização da produção de subjetividade e de controle social, indo além do nível das semióticas econômicas. Isto significa que tais conjuntos de crises não conseguem mais ser explicados por teorias tradicionais, sejam sociológicas ou econômicas. Afirmar a singularidade como processo semiótico é tentar romper com categorias da tradição filosófica e científica, de modo a recusar tanto a privatização capitalista pressuposta pela noção de indivíduo quanto o papel constituinte da consciência, isto é, do sujeito como faculdade soberana de representação e de simbolização.

Os modos de produção do capitalismo funcionam aquém da ordem do capital, abrangendo, principalmente, um modo de controle da produção de subjetivação. "O capital ocupa-se da sujeição econômica e a cultura, da sujeição subjetiva" (Guattari e Rolnik, 1986, p. 16). Neste sentido, os termos "comunicação de massa" e "cultura de massa" devem ser entendidos como dispositivos que operam a compartimentação do modo de produção de subjetividades, fabricando individualidades serializadas: a comunicação de massa é, portanto, o elemento fundamental da produção de subjetividade nos modelos capitalistas, fabricando indivíduos normalizados e articulados, segundo sistemas de valores hierárquicos e de submissão. No capitalismo contemporâneo, a questão política central é a produção de subjetividade, que vai além da produção da subjetividade individuada, e abrange uma produção de subjetividade social: uma produção de subjetividade que é encontrada em todos os níveis da produção e do consumo.

Podemos construir linhas de fuga ao poder ubíquo dessa máquina capitalista de produção de subjetividade, enxergando – nas rupturas abertas pelos processos de singularização – uma recusa que visa construir novos modos de sensibilidade e criatividade, produtores de uma subjetividade singular. Tais processos de singularização, ao desenharem novas cartografias do desejo, irredutíveis ao controle centralizado, criam condições de possibilidade para a emergência de revoluções moleculares, constituindo micropolíticas. "Toda problemática micropolítica consistiria, exatamente, em tentar agenciar os processos de singularidade no próprio nível de onde eles emergem" (Guattari e Rolnik, 1986, p. 130).

Identidade é uma categoria filosófica que atua como princípio de imobilidade do desejo, impedindo a passagem pela diferença e a criação de singularidades. A identidade é um conceito de referenciação, de circunscrição da realidade a quadros de referência, trazendo implicações políticas e micropolíticas desastrosas. O conceito de identidade serve para veicular modos de representação da subjetividade que a reificam, transformando ações e processos diferenciadores em substâncias e essências, entidades ou coisas.

Os processos de singularização abrem rupturas na individualidade serializada produzida pela cultura de massa, nesta subjetividade normalizada que é a de um sujeito-objeto da administração e da organização capitalistas. Já o devir liga-se à possibilidade ou não de um processo de singularização, no qual singularidades femininas, homossexuais, negras podem entrar em ruptura com as estratificações dominantes. Os novos movimentos sociais devem apostar na multiplicidade e na pluralidade, rompendo com as propostas de proteção da identidade cultural, pois a identidade significa o retorno ao Mesmo, ao Idêntico. Enquanto atuarem como processos de singularização, de autonomia ou de micropolítica em suas diferentes formas de resistência molecular, esses movimentos conseguirão manter em permanente questionamento o projeto de controle social em escala planetária.

Entendemos que a micropolítica, por atuar ainda como uma cartografia do desejo, implica na invenção da autonomia que não se circunscreve às práticas alternativas, aos movimentos das minorias organizadas ou às ações de revolta, resistência e contestação. Partindo desses territórios de existência, esta cartografia os ultrapassa e desenha novos campos de ação e de vida, produzindo autonomias que podem alterar a relação de poder na sociedade. Entretanto, apesar da possibilidade de rupturas, os novos movimentos sociais sempre correm o risco da reiteração do que combatem, aprisionando os novos territórios vitais nas antigas territorialidades do já pensado e do já desejado.

Uma visão teórica oposta descreve que os novos movimentos sociais são meras formas arcaicas e residuais de modos de subjetivação, que devem ser superadas ou reutilizadas de um modo moderno. Esta é a visão da hegemonia neoliberal da Escola de Chicago e de Freedman, que propõe uma política de "darwinismo social" (Guattari e Rolnik, 1986, p. 192), para superação dos arcaísmos, onde a seleção tem por base uma axiomática fundada na propriedade privada, no lucro e na segregação social. Já outra visão – tipo "terceira via" social-democrata de Giddens (1996) – aposta na recuperação dos novos movimentos sociais, através do deslocamento da política do eixo leste/oeste para o eixo norte/sul, reduzindo a problemática a uma geopolítica e a um assistencialismo cultural, a fim de modernizar os segmentos desfavorecidos.

Enquanto processo de singularização, que assume a finitude humana, a produção de cartografias do desejo aponta para o provisório, o precário, o contingente, o fugaz e o efêmero. Entretanto, assumir que os processos históricos também são finitos e falíveis não significa que esta constatação acarrete em perda de importância para um acontecimento emergente. Se a arte contemporânea tornou-se um domínio capaz de provocar uma ruptura radical nas significações dominantes, também nos novos movimentos sociais se encontram os núcleos de resistência "ao rolo compressor da subjetividade capitalística, da unidimensionalidade, do equivaler generalizado, da segregação, da surdez para a alteridade" (Guattari, 1992, p. 15). Neste caso, a proposta de uma ecologia do virtual tenciona promover paradigmas ético-estéticos para o campo social, apontando para a dimensão da criatividade nas práticas sociais. Além da arte e da micropolítica, outros domínios como a Filosofia e a ciência também podem se constituir em lugares de resistência às redes de significações dominantes.

"A potência estética de sentir, embora em igual direito às outras – potências de pensar filosoficamente, de conhecer cientificamente, de agir politicamente – talvez esteja em vias de ocupar uma posição privilegiada no seio dos agenciamentos coletivos de enunciação de nossa época" (Guattari, 1992, p. 130). Em suma: entendemos que a ecologia do virtual se propõe a funcionar como um dispositivo de criação de novos modos de subjetivação.

Esta ecologia do virtual terá por tarefa preservar "as espécies ameaçadas da vida cultural" – a poesia, a música, as artes plásticas, o cinema – e ainda engendrar "as condições de criação e de desenvolvimento de formações de subjetividade inusitadas" (Guattari, 1992, p. 116). Ou seja, assume-se como produção de subjetividade. Mas também a proposta da ecosofia, conforme discutiremos adiante, apresenta-se como um dispositivo de subjetivação que atua em três campos, simultaneamente: como ciência dos ecossistemas, como instrumento de regeneração política e também como engajamento ético-estético, na iminência de criar novos sistemas de valores, a partir de suavidade entre os sexos, as faixas etárias, as etnias e as raças.

Se, como dissemos, os acontecimentos da década de sessenta abriram um novo ciclo revolucionário – instaurando processos que permitiram a tomada de consciência da transformação da qualidade social da produção e dos processos de trabalhos – foram exatamente os partidos comunistas e socialistas tradicionais que não perceberam a força dos novos modos de produção social emergentes com o capitalismo mundial integrado. Essa nova forma do capital, como força transformadora do social, está agora capacitada para traduzir qualquer seqüência da vida em termos de troca e de sobredeterminação, com a urgência e a necessidade das operações de quantificação econômica e de comando político.

A integração mundial possibilita ao capital controlar todos os tempos singulares da vida: "a família, a vida pessoal, o tempo livre e talvez os fantasmas e o sonho, tudo está a partir de então sujeito às semióticas do capital" (Guattari e Negri, 1987, p. 15). Este contexto de assimilação progressiva da sociedade à lógica do capital e de desterritorialização dos processos produtivos acaba por converter as classes operárias em massa de consumo.

Os novos modos de subjetivação resultam em deslocar os antigos cenários de luta de classes, instaurando-se no imaginário e no campo cognitivo da Contemporaneidade. A manifestação do singular como multiplicidade afirma que só as singularidades são capazes de movimentos criadores das diferenças e de romperem com a lógica redutora da dominação capitalista. Este é o contexto de produção das novas subjetividades, que devem ser pensadas a partir das noções de micropolítica e revolução molecular, relacionadas com as concepções inovadoras da noção de poder. Pensar nas singularidades significa pensar na construção das subjetividades coletivas, tomando como ponto de partida os universos dos desejos. Se o poder emerge e sustenta-se por uma rede múltipla e dispersa que abarca todos os estratos da vida, a luta política deve procurar também múltiplos pontos de rupturas. O campo da política não pode mais ser reduzido à luta de classes: uma micropolítica do desejo deve investir em uma multiplicidade de objetivos ao alcance imediato dos mais diversos conjuntos sociais. O acúmulo de lutas parciais pode ou não desencadear lutas coletivas gerais.

É nesta analítica das formações do desejo no campo social – a micropolítica – que se realiza o cruzamento entre o nível das diferenças sociais mais amplas – o nível molar – com o nível molecular. As lutas sociais são, simultaneamente, molares e moleculares, não existindo entre estes dois níveis uma distinção opositiva. No nível molecular, o poder lança sua estratégia, faz agenciamentos e modeliza o desejo. Já no nível molar, o que se tem é o efeito global do poder, a partir dessa captura ao nível molecular. "A ordem molar corresponde às estratificações que delimitam objetos, sujeitos, representações e seus sistemas de referência; a ordem molecular é a dos fluxos, dos devires, das transições de fases, das intensidades" (Guattari e Rolnik, 1986, p. 321).

A partir desses marcos teóricos, devemos concordar que a originalidade da análise de Foucault e da dupla Deleuze e Guattari apresenta-se em dois eixos: ao reconhecer o processo de produção de subjetividades como uma modalidade de indústria de base do capitalismo mundial integrado, e ao apontar os pontos de ruptura nos modos de subjetivação hegemônicos, linhas de fugas onde podem emergir uma multiplicidade de singularizações.

Desta forma, entendemos que a noção de máquina desejante ou produção desejante como multiplicidade pura supera as categorias do múltiplo e do Uno, rompendo com o conceito freudiano de desejo enquanto produção do inconsciente e associado à representação:

> *O inconsciente funciona como uma usina e não como um teatro (questão de produção e não de representação); o delírio, ou o romance, é histórico-mundial, e não familiar (deliram-se as raças, as tribos, os continentes, as culturas, as posições sociais); há exatamente uma história universal, mas é a da contingência (como os fluxos, que são o objeto da História, passam por códigos primitivos, sobrecodificações despóticas e decodificações capitalistas que tornam impossível uma conjunção de fluxos independentes) (Deleuze e Guattari, 1995b, p. 7).*

O desejo é uma produção, capaz de produzir seus objetos e os modos de subjetivação que lhes correspondem. "O inconsciente, o desejo não tem complexos, ele produz. O quê? Sujeito? Algumas vezes, em determinadas conjunturas, mas não necessariamente. O inconsciente maquínico produz tudo: a terra, os homens sobre a terra, suas relações, territórios com múltiplos devires possíveis"[16]. São as máquinas desejantes, forças que investem o mundo social, que percorrem os acontecimentos sociais e produzem as subjetividades. As estratégias do poder passam pela captura dos investimentos desejantes: é no nível

---

[16] *A esquizo-análise* (Ewald em Escobar, 1991, p. 90).

do desejo que se dá o funcionamento do poder, pois administrar o desejo é fundamental para um sistema totalizante. Por ser uma força capaz de dar sentido ao mundo, capturar o desejo torna-se uma condição indispensável para o funcionamento do poder da máquina capitalista. Para a máquina capitalista, o que está em jogo são os processos de desterritorialização e reterritorialização dos fluxos de desejo, sempre passíveis de serem capturados pelos dispositivos de poder. Dispositivos que podem se ligar a um corpo pleno determinado como *socius*, "que pode ser o corpo da terra, ou o corpo do déspota ou, então, o capital" (Deleuze e Guattari, 1995a, p. 15). O capital aparece como o pressuposto natural do trabalho, mas não é o produto do trabalho: além de se opor às forças produtivas, o capital rebate-se sobre toda a produção e constitui uma superfície onde se distribuem as forças e os agentes de produção, que se tornam o seu poder.

Na Modernidade, a cultura distinguia-se da natureza: por um lado, a indústria estaria em oposição à natureza; por outro, transformaria os seus materiais, restituir-lhe-ia os seus detritos. Esta relação sociedade-natureza condicionou a distinção em esferas relativamente autônomas da produção, da distribuição e do consumo. Entretanto, não há esferas independentes: a produção é imediatamente consumo; e o consumo determina diretamente a produção. Tudo é produção: produção de produções, ações e reações; produções de registros, distribuições, pontos de referência; produções de consumos, volúpias, angústias, dores. Se tudo é produção, desaparece a distinção sociedade-natureza: a essência humana da natureza e a essência natural do homem identificam-se na natureza como produção – ou seja, como indústria – na vida humana. Deste modo, a indústria não é mais entendida em uma relação extrínseca de utilidade, passando a ser vista na sua identidade com a natureza como produção do homem e pelo homem.

A natureza, como processo de produção, significa inserir o registro e o consumo na própria produção, torná-los produções de um mesmo processo. O segundo sentido do processo é que homem e natureza não são mais dois termos distintivos e opositivos, ainda que tomados em uma relação sujeito-objeto: homem e natureza são uma só realidade, a do produtor e do produto. A produção, como processo forma um ciclo, em que o princípio imanente é o desejo, não se definindo o desejo como falta, e, sim, como produção: produção *industrial*. O desejo produz realidades, o que torna possível conceber o processo como realidade material econômica, "como processo de produção dentro da identidade Natureza = Indústria, Natureza = História" (Deleuze e Guattari, 1995a, p. 29).

A emergência das lutas pela afirmação das novas subjetividades e o fim dos projetos totalizantes revolucionários são alguns dos sintomas da perda dos pressupostos ético-políticos referenciais das democracias modernas. A Contemporaneidade defronta-se com a construção do processo histórico, pois, com o declínio dos ideais de bem supremo e de ser supremo, não há mais origem – passado – ou finalidade – futuro – que possa dar conta do tempo presente, de responder às nossas questões do presente.

# Posfácio

# O sentido e a expressão nas relações de Deleuze com a fenomenologia

Claudio Ulpiano

*Prólogo*
*Deleuze, pensador da diferença, construiu um sistema filosófico que se contrapõe ponto a ponto à imagem dogmática do pensamento. Partindo da proposta nietzscheana de reversão do platonismo, mergulhou na história da filosofia para se confrontar com tudo aquilo que sustenta os seus princípios, a sua moral, e que dirige a sua motivação; desfazendo-se das amarras que há vinte e tantos séculos desvirtuam o que significa pensar. Sua obra é, pois, um árduo trabalho de libertação da diferença, para a constituição de uma nova imagem do pensamento. As coordenadas do pensamento clássico não se prestam para abordá-la, muito menos para entendê-la, o que explica a dificuldade que muitos encontram em sua leitura.*

*É preciso muito fôlego para investir nessa obra ainda recentemente construída, cujo entendimento Claudio Ulpiano procurou implantar aqui no Brasil. Se hoje o pensamento de Deleuze encontra em nosso país ecos tão evidentes, aparecendo como fonte de renovação na arte, na ciência e na filosofia, muito se deve ao criterioso trabalho realizado por Claudio em suas salas de aula, dentro e fora da universidade.*

*Claudio Ulpiano dedicou sua existência ao estudo da filosofia, na busca de um pensamento sem fronteiras, e distribuiu com habilidade e excelência o bem mais precioso que adquiriu. Sua voz filosófica ainda ressoa pelos quatro cantos do país e mesmo além dele.*

*Se Claudio tornou-se conhecido pelo estilo singular com que desenvolvia suas aulas, tinha também uma produção escrita, pouco divulgada, que agora nos ocupamos em publicar. O presente artigo é um estudo comparativo sobre o tema do sentido e da expressão em Deleuze, particularmente*

> *no que diz respeito à fenomenologia. Esse tema, que tanto apaixonou Claudio Ulpiano, se repete com diferentes tratamentos em outros artigos, bem como em suas teses de mestrado e doutorado, onde trabalha mais extensamente nesta obra de complexidade evidente.*
>
> Silvia Ulpiano

São três Idéias: nobres e difíceis – pelo uso que seus autores fazem delas. As três com indícios de inspiração platônica: *virtual* em Bergson; *noema* em Husserl; *mundo possível* em Proust. Aparentam-se pelo que excluem – o mundo físico e o sujeito psicológico; análogas pelo que investem – o passado puro, a irrealidade, a eternidade; [e] idênticas pelo que pretendem renovar – tanto a filosofia, como a ciência e a arte. Mas essas três idéias são tomadas, e somente, como as demais que aqui aparecem, para que se possa traçar um esboço, – tênue e impreciso –, das relações do pensamento de Deleuze com a fenomenologia.

Em Proust, por exemplo, não se trata de uma redução eidética, ainda que nele se diga das essências; por exemplo, em Bergson não se trata da intencionalidade, ainda que se trate da consciência e do ser, e da inspiração platônica; irrecusável. E da fuga do platonismo; evidente. Seja em um, pelo método de divisão, pelas duas multiplicidades, que não são o método dialético e de modo algum o uno e o múltiplo[1]; seja em outro, os predicados invariantes, que não se confundem com as espécies eternas; e no seguinte as essências, que não são contempladas pelo olhar noético, mas elas próprias como pontos de vista.

Retome-se, para precisar mais, a teoria das proposições. O problema da predicação: não se trata nos estóicos, com o *lekton*,

---

[1] O uno e o múltiplo dão lugar a duas multiplicidades que Deleuze expõe no *Bergsonismo* (1966a) como tema fundamental de Bergson; o método de divisão platônico busca unidades significativas, enquanto a divisão bergsoniana procura os diferenciais problemáticos.

que parece recobrir o *noema*, da alteridade platônica – não são os cinco gêneros do ser, expostos pelo estranho bloco de diferenças que é o Estrangeiro de Eléia, e que deseja pôr fim aos paradoxos megáricos[2]. Ao contrário, é o incorporal, o *lekton*, que ativa esses paradoxos – parecendo efetuar o programa da filosofia: ir além da *doxa*. Assim como o virtual, o noema e os mundos possíveis, que incentivam as multiplicidades no ser, as diferenças no conceito, os paradoxos no tempo.

Muito à semelhança de Platão, indicando o que está além do objeto e do sujeito: a essência [em Proust], que é para lá dos objetos designados e das verdades inteligíveis. Desfazer as cadeias de associação de idéias, sempre constituídas por semelhança e contiguidade, para atingir a essência, que é mais do que o conjunto de elementos que os estados de subjetividade nos propiciam: é a revelação final. Mas isso não é a ressurreição de um platonismo longínquo, pois as essências são diferenças. O propósito proustiano é o de constituir meios e regras para não cairmos na armadilha do objeto e nas malhas da subjetividade, como também saber que a arte é o domínio onde as essências se revelam.

"A partir de Descartes, e com Kant e Husserl, o cogito torna possível tratar o plano de imanência como um campo de consciência" (Deleuze e Guattari, 1992, p. 63) e "o mundo grego, que não pertencia a ninguém, se torna cada vez mais a propriedade de uma consciência cristã" (idem, p. 64). Esses dois enunciados de Deleuze seriam exemplificados pela passagem da atitude natural à transcendental, através do método redutor: que eleva até a imanência; e as diversas regiões do ser apareceriam à consciência como objetos intencionais. Diferente do mundo grego, "que não pertencia a ninguém". Pode ser dito: permanecer na presença daquilo pelo qual tudo tem sentido, a consciência pura, o "Ego". A elucidação das potencialidades da consciência intencional: o *cogito cogitatum*

---

[2] O estrangeiro de Eléia e os paradoxos megáricos dão nascimento ao que Deleuze chamará de *personagens conceituais*.

*qua cogitatum.* Repetindo Husserl: "a necessidade de reconstrução, que se impôs a Descartes, sob a forma de uma filosofia orientada para o sujeito" (Husserl, 1969, p. 2). Como também pode ser dito: as impressões de nosso espírito têm por causa um ser verdadeiro. As idéias compõem um mundo independente, eterno, cuja existência não está subordinada ao espírito que as apreende. O Bem ilumina o olho da alma e o torna co-natural aos inteligíveis. Platão, a contemplação: que tem como pressuposto a existência de coisas fora do perpétuo movimento do sensível. "A partir de Descartes..." há uma inversão: o *cogito*. Mas não se trata do cogito com Bergson e com Proust; nem de um retorno à atitude natural. Penetramos no universo fantástico de Proust: "Além dos objetos designados, além das verdades inteligíveis e formuladas, além das cadeias de associação subjetivas e de ressurreição por semelhança ou contiguidade, há as essências, que são alógicas ou supralógicas. Elas ultrapassam tanto os estados da subjetividade quanto as propriedades do objeto" (Deleuze, 1987, p. 37).

A essência traduz o termo grego *ousia*; vinculando-se também à teoria da definição. A unidade significativa. Distinta do factual, fez a riqueza dos seguidores de Husserl, que operaram com a ciência eidética. Seu princípio é o de não contradição. De modo diferente, próximo de Leibniz, aparece a essência para Proust. Jean Wahl talvez lhe chamasse "essência afetiva". Irredutível ao sujeito, irredutível ao objeto[3]. Também Bergson, com o virtual: "a síntese passiva da memória constitui o passado puro no tempo" (Deleuze, 1988a, p. 141). Uma memória ontológica; que sai da psicologia; sem nenhum tipo de existência psicológica. É uma nova orientação do pensamento, como diz Deleuze sobre a imagem do pensamento que se desobriga das regras da subjetividade constituídas a partir da síntese passiva do hábito, como não se submete, um pouco à maneira de Descartes nas Meditações, à generalidade.

---

[3] Nem sujeito, nem objeto. Ter essas afirmações sempre presentes, pois elas se excluem, para a aparição do mundo sensível.

Não importa que seja Proust, Meinong ou Nicolas d´Autrecourt, com eles iremos viajar para os reinos do sentido na linguagem, da idéia no pensamento e do passado no tempo. Nada como a existência psicológica ou o estado de corpos. Distingue-se corpo de incorporal, buscando-se o estatuto do sentido ou da essência supralógica. Que se leve em conta as relações entre estoicismo e platonismo, mas constituindo entre os dois um sistema de rupturas. Rupturas que fundamentam o anti-platonismo dessa linha de pensamento.

Quando Deleuze diz: "Husserl, não menos que Meinong, reencontra as fontes vivas de uma inspiração estóica" (Deleuze, 1974, p. 20), Gregório de Rimini e Nicolas d´Autrecourt já tinham sido citados como tributários da mesma vertente. O sentido, o lekton, o noema, o objetive – como expressão da proposição. Quando certo texto busca o estatuto ontológico do incorporal, não o confunde com as palavras ou coisas, imagens ou idéias: como Bréhier, que não o confunde com a representação racional. De que se trata exatamente, e como relacionar a Husserl a Lógica do Sentido? Fica dito que é uma reviravolta no platonismo, como está além das categorias aristotélicas. De Meinong, sabemos algo; como de Frege, a estrela da manhã e a estrela da tarde. Mas também de Deleuze sabemos algo. Aponta para Husserl, distinguindo a dimensão da proposição chamada expressão: da manifestação, da desig-nação e da significação. O lekton e o noema se aproximam.

> *A existência dos incorporais, como vimos, é uma existência de sombra, e entretanto, todo saber humano, todo discurso depende desse estatuto de sombra. Dos corpos, dos seres não há o que dizer, só há discurso dos acontecimentos. Nesse aspecto é uma singular reversão da perspectiva platônica. O problema de Platão consistia em pensar o real, com esse objetivo, recorria à hipótese das formas inteligíveis, mas a partir delas se encontrava, por assim dizer, preso numa armadilha: só se poderá conhecer o mundo das formas e falar apenas delas. A lógica platônica será, por seu próprio objeto, atemporal. Quanto aos*

*estóicos, eles falarão dos acontecimentos, sua lógica será uma lógica da temporalidade* (Pasquino, 1978, p. 383).

"O sentido é a quarta dimensão da proposição" (Deleuze, 1974, 20). E como ponto de referência provisório, estabeleça-se que as outras três dimensões da proposição são as nomeadas por Charles Morris[4]. "Os estóicos descobriram a quarta dimensão da proposição" (idem). Outros, em épocas diferentes, teriam feito a mesma descoberta: o sentido é esta descoberta. "O sentido, o expresso da proposição", que é irredutível ao estado de coisas individuais, às imagens particulares, às crenças pessoais e aos conceitos universais e gerais: nem palavra, nem corpo, nem representação sensível, nem representação racional[5]. Para Husserl, chama-se *expressão*, essa quarta dimensão da proposição, "distinta ao mesmo tempo do objeto físico, do vivido psicológico, das representações mentais e dos conceitos lógicos" (idem, p. 21). O sentido é o expresso da proposição, sua dimensão última. Assim, diferente do que diz Bertrand Russell da expressão, uma propriedade da linguagem, com a função de expressar estados do sujeito. Ao contrário, dizendo Deleuze que o expresso não se confunde com o sujeito; dele se distinguindo como o noema em Husserl: distinguindo-se do vivido psicológico. No sujeito, há mais que o próprio sujeito, mais que o ato noético, há o objeto mesmo enquanto visado: correlato noemático, o sentido. "Um noema qualquer não é dado em uma percepção (nem em uma lembrança ou em uma imagem), ele tem um estatuto completamente diferente, que consiste em não existir fora da proposição que o exprime, proposição perceptiva, de lembrança ou de representação" (idem, p. 22).

Do sentido, Deleuze diz: "de outra natureza", idealidade – neutro, indiferente ao lógico e ao físico, à crença psicológica. A confrontação de Husserl com Proust, na exposição de Deleuze, é excepcional, pela compreensão que proporciona: "...Quando

---

[4] [sintaxe, semântica e pragmática].
[5] Elementos que se distinguem do sentido, como entidade incorporal.

Husserl diz que o noema é o percebido tal como aparece em uma apresentação, "o percebido como tal" ou a aparência, não devemos compreender que se trata de um dado sensível ou de uma qualidade, mas ao contrário, de uma unidade ideal objetiva como correlato intencional do ato de percepção" (Deleuze, 1974, p. 22). Sobre Proust: "Qual é a superioridade dos signos da arte com relação a todos os outros? É que os outros são signos materiais... Mas todas as expressões de Berma, como num grande violonista, tornaram-se qualidades de timbre" (Deleuze, 1987, p. 39). Em sua voz "já não subsistia um só dejeto de matéria inerte e refratária ao espírito" (idem, p. 40). E enfim: "O que é uma essência, tal como é revelada na obra de arte? É uma diferença... É ela que constitui o ser..." (idem, p. 41). Talvez possamos acrescentar: que é o noema? ...É ele que constitui o ser... é uma diferença...

O que é definitivo em termos deleuzianos sobre Husserl: do sujeito, é a intencionalidade; consistindo, a existência da consciência, na intencionalidade; o ato e o conteúdo do ato. O ato noético e o noemático são eideticamente inseparáveis, na unidade intencional, ainda que consciência e conteúdo da consciência não possam ser ditos da mesma maneira – incluindo uma ambigüidade na idéia de intencionalidade, pois nesta há uma origem e um fim: duas dimensões que permitem distinções entre caracteres téticos, modais e nucleares do noema, e o ato. Mas como a atitude natural foi posta entre parênteses, excluída pelo método redutor – não está em questão a realidade em sua exterioridade material, conforme a posição dogmática. Não se trata do que tem; mas do que dá sentido, da consciência pura, em seus dois pólos: a transcendência se constitui na imanência. Um só designado para muitos noemas.

A última dimensão da proposição, a quarta dimensão da proposição – é chamada por Husserl expressão. Ela se distingue da proposição definida como lógica: nem sintaxe, nem semântica, nem pragmática; da definida como ontológica, como estado de coisas possíveis; nem crença nem desejo, excluído o pressuposto subjetivo; nem significado... nem significante.

A "Lógica do sentido" é toda inspirada de empirismo; mas, precisamente, não há senão o empirismo que saiba ultrapassar as dimensões experimentais do visível... "O sentido é o expresso... e Husserl reencontra as fontes vivas de uma inspiração estóica" (Deleuze, 1974, p. 21).

Mas por que expressão; e o que deve ser dito da expressão para dar conta de sua importância na obra de Deleuze e de Husserl? "... As fontes vivas de uma inspiração estóica", ou seja, o incorporal impassível – toda a idealidade na superfície. Mas a abordagem da obra de Deleuze supõe a presença de outras vertentes – que podem ser muitas, para esclarecê-la. Por exemplo, Espinoza, "o príncipe dos filósofos", através de sua distinção entre a idéia inadequada e a idéia adequada, esta última a idéia expressiva[6]. "O termo 'adequado, em Espinoza, não significa jamais a correspondência da idéia com o objeto que ela representa ou designa, mas a conveniência interna da idéia com alguma coisa que ela exprime" (Deleuze, 1968b, p. 118). É o objetivo do método formal ou reflexivo, marcando a ruptura com a concepção tradicional do conhecimento. "O objetivo da filosofia ou da primeira parte do método não consiste em nos fazer conhecer alguma coisa, mas em nos fazer conhecer nossa potência de compreender. Não nos fazer conhecer a Natureza, mas nos fazer conceber e adquirir uma natureza humana superior" (idem, p. 114).

Sendo essencialmente reflexivo, o método visa ao conhecimento do entendimento puro: a idéia da idéia. O método reflexivo revela profundezas do espírito que a consciência nem mesmo suspeita, rompendo com a concepção do conhecimento que o imagina, ao conhecimento, como representação: a representação que faz da idéia um duplo, uma imagem da coisa que é extrínseca à própria idéia. Neste esquema, a idéia é representação de objeto em um sujeito, com o conteúdo fora da idéia imitadora e designadora. A idéia representativa nada

---

[6] Explicada por Deleuze em *Spinoza et le problème de la expression*, 1968b, p. 118.

mais é do que um duplo, uma imagem da coisa que ela reflete. "Tais idéias são imagens". As idéias representativas são idéias de imagens ou afecções que representam um estado de coisas. "Tais idéias são signos: elas não se explicam por nossa essência ou potência, mas indicam nosso estado atual" (Deleuze, 1968b, p. 114). Essas idéias não exprimem a essência, mas indicam a presença do objeto e seu efeito sobre a consciência. Além do mais, o encadeamento dessas idéias se dá segundo a ordem do hábito. São originadas em encontros fortuitos, que quanto menos regularidade tiverem, mais equívocas se tornam. É o reino da consciência, do vivido, fonte das idéias inadequadas, mutiladas e truncadas. Ao contrário da idéia representativa, que é a forma psicológica da idéia, a idéia verdadeira, a idéia expressiva – que o método formal ou reflexivo, a serviço de uma nova imagem do pensamento, revela: "a idéia adequada se define como idéia expressiva" (idem, p. 118). A noção de adequação em Espinoza não significa correspondência da idéia com o designado, mas conveniência intrínseca da idéia com alguma coisa que ela exprime. Essa alguma coisa, que implica a diferença do expresso e do designado, e que tem sua origem na lógica estóica, é a essência, que a idéia explica. Nem sujeito nem objeto, mas a essência, que em Espinoza não se confunde com possibilidade lógica ou estrutura geométrica: a essência como grau de potência[7]. Quanto aos estóicos, dos quais Husserl tiraria sua inspiração, na referência ao incorporal, ao expresso, que do mesmo modo está separado do estado de coisas físicas e do sujeito psicológico: "há um formalismo lógico, que não se confunde com a forma da consciência psicológica" (idem, p. 117).

Dos estóicos, já se pode dizer que ressalta uma diferença em relação a Aristóteles – na questão do tempo. Pois se Aristóteles diz que o tempo é o número do movimento, os estóicos dizem que o tempo é o intervalo do movimento. E o tempo ganhará especial importância na filosofia estóica. Como se disse que o expresso em Espinoza é a expressão da essência;

---

[7] É um choque: sair da essência classicamente compreendida, para a identificação da essência com grau de potência.

nos estóicos, o expresso liga-se ao tempo infinito: o vazio, do passado e do futuro, e o sentido estarão conjugados. Os paradoxos do tempo são exaltados na idealidade estóica. Para Aristóteles, todas as categorias se dizem em função do ser: "a diferença se passa no ser entre a substância como sentido primeiro e as outras categorias que lhe são relacionadas como acidentes" (Deleuze, 1974, p. 7). Remetendo ao exercício concreto do discurso, obtém-se os dois tipos de julgamento possíveis: aquele no qual o predicado não faz parte do sujeito, atribuindo acidentalmente uma qualidade ao sujeito; e aquele em que o predicado faz parte do sujeito, explicitando a essência como sujeito. O verbo "é", é ser por acidente e ser por si. Poder-se-ia ir mais longe; ser em potência, ser em ato. Para os estóicos, as quantidades e as qualidades, os estados de coisas (acidentes aristotélicos), não são "menos" seres, mas fazem parte da substância. E opõem-se a uma entidade não existente – o extra-ser[8]. São quatro as categorias estóicas, as duas primeiras constituindo a coisa – substância e qualidade; as duas outras exprimindo o incorporal – maneiras de ser e maneiras de ser relativas. O ser e o não ser, e nem todas as categorias são ditas em função do ser. Nenhum tipo de existência, de real, no incorporal; sequer o estado de coisas, substância e acidentes: sequer a existência psicológica. Como o noema, o sentido puro. Deleuze faz a aproximação do expresso e do tempo, em suas partes infinitas: "os estóicos são amantes de paradoxos e inventores" (idem). Esse enunciado é uma espécie de grito de guerra, afirmando que o programa da filosofia, rompimento com a doxa, envolvimento com o paradoxo, de algum modo teria sido realizado pelo pensamento que se destaca da subjugação ao sensível e ao cogito: um platonismo, sem dúvida, desde que revertido.

As definições do tempo em Aristóteles e nos estóicos mostram, em primeiro lugar, como o pensamento antigo submete o tempo ao movimento e como a história do pensamento, e Deleuze vai ao paroxismo, "mesmo a história do cinema",

---

[8] Os confrontos entre a filosofia do ser e a filosofia do extra-ser, quanto mais esclarecidos, mais solicitam esclarecimentos.

subverte essa sentença: em vez de movimento e tempo; tempo e movimento: "Tudo o que se move e muda está no tempo, mas o tempo, ele mesmo, não se move...Ele é a forma de tudo o que muda e se move" (Deleuze, 1986a). Deleuze mostra toda a sua paixão pelo tempo puro, por exemplo, na síntese passiva do hábito, na ontologia do passado em Bergson, na pura forma vazia em Kant, apresentados como sínteses transcendentais sem a forma do sujeito[9]. E parece marcar uma diferença para Husserl, que dá destaque ao tempo objetivo e subjetivo, ao tempo físico e ao fluxo do vivido, como distinção do pensamento antigo e moderno.

Ser e corpo são a mesma coisa para os estóicos: οντα σωματα. E o corpo é a causa ou: corpo-causa; e o incorporal, o efeito, logo com estatuto ontológico próprio; em sua região de extra-ser. O incorporal não é o inteligível platônico, nem a substância segunda de Aristóteles – de modo nenhum uma representação racional. Os estóicos pretendem que a razão da existência esteja na intimidade do corpo, e jamais em uma causa que age do exterior, como na participação platônica, ou na tendência a realizar um fim, como em Aristóteles. Ao "lado" dos corpos, qualitativos, tensos, vinculados às ações e às paixões, os incorporais, o expresso da proposição, que não se explicam como propriedades físicas ou representações psíquicas, e sim como atributos lógicos, quase existentes. Existência dos corpos e insistência dos incorporais. A teoria do tempo distingue: "só o presente existe no tempo e reúne, absorve o passado e o futuro; mas só o passado e o futuro insistem no tempo e dividem ao infinito cada presente" (Deleuze, 1974, p. 9). Confrontando os estóicos com Platão – a hipótese deste são as formas inteligíveis, as formas a-temporais; com os estóicos, trata-se do acontecimento, e não de inteligíveis em si, e sua lógica é da temporalidade – o tempo puro. Para Platão, há entre a essência, o modelo e os seres por ele engendrados uma relação de

---

[9] É o tema constantemente retomado na obra de Deleuze: a diferença transcendental. O transcendental como pré-individual e impessoal. A rica tese de Simondon.

causalidade: a multiplicidade indefinida dos seres, obedecendo à lei que a definição manifesta. Diferente para os estóicos, em que o ser não é considerado como parte de uma unidade alta; ao invés, como a unidade e o centro de si próprio, das partes que o compõem. Para Platão e Aristóteles, o problema seria obter o que é permanente e estável, o que é fixo e firme, acima das sensações mutantes, das inconseqüentes turbulências dos devires. Os devires são acuados, acusados, por causa de sua natureza insubordinada. E a piedade por ele, pelo devir, conduz o demiurgo, no Timeu, a forçar a "matéria louca" a imitar a forma. Para os estóicos, o tempo não é a imagem móvel da eternidade, nem o movimento dos céus. O tempo puro, mas também o lekton, exatamente a quarta dimensão da proposição, com o vazio e o lugar, são chamados de os quatro incorporais, sem nenhum tipo de corpo ou ser.

A consciência intencional é dividida em dois planos: a estrutura noética e a estrutura noemática. As estruturas correlativas do vivido intencional. Reais, nesse vivido, são a *hyle* sensível e a *morphé* intencional: o noema, o polo objetivo da intencionalidade, é irreal. Esse irreal é simultaneamente sentido do correlato noético e atributo do estado de coisa. Nos estóicos, a terminologia é outra, mas as conseqüências teóricas são próximas: se o noemático não pode ser considerado real como o hylético, o noético e o estado de coisa: o incorporal também se separa dos corpos e suas tensões, do representante sensível e racional. "Quando Husserl se interroga, por exemplo, sobre o "noema perceptivo" ou o "sentido da percepção", ele o distingue ao mesmo tempo do objeto físico, do vivido psicológico, das representações mentais e dos conceitos lógicos" (Deleuze, 1974, p. 21).

O noema é uma unidade objetiva correlata do ato da consciência. Não pode existir fora de sua expressão, "fora da proposição que o exprime, proposição perceptiva, imaginativa, da lembrança ou da representação" (idem, p. 22). A idéia de correlação dos pólos noemáticos e noéticos torna impossível que o noema apareça fora de sua expressão, como não o identifica à existência da coisa física. Ele subsiste com uma objetividade distinta da proposição que o exprime: são distintos o expresso e a expressão. O sentido não é um atributo da proposição, como os predicados essenciais e acidentais – o animal racional e a qualidade verde. "Mas o atributo da coisa é o verbo – ou antes, o acontecimento expresso por este verbo; e ele se atribui à coisa designada pelo sujeito ou ao estado de coisas designado pela proposição em seu conjunto" (idem). Mas a distinção entre o estado de coisa físico, a qualidade ou relação desse estado e o incorporal; a atitude natural, a árvore real, os estados psíquicos reais e a relação real entre eles e o noema mostra que o atributo noemático não qualifica um ser – é um extra-ser[10]. O que designar coisa ou substância, qualidade ou quantidade; o que se constituir como representação mental, racional ou sensível, como os significantes, não pode ser confundido com o atributo noemático; que não é uma qualidade na coisa. Esse atributo é "o verbo, ou melhor, o acontecimento expresso por este verbo" (idem). A forma como o mundo me é dado, é seu noema – o noema é o correlato da intenção mental: constituído por um núcleo, o sentido noemático, os predicados puros, que não são a realidade da coisa ou o modo da consciência.

---

[10] Quando isso é dito, parecemos entender essa filosofia do fantasma.

## Bibliografia Geral

### Impressos

AMARAL, Aracy (org.). *Projeto brasileiro construtivo na arte (1959-1962)*. Rio de Janeiro/São Paulo: MAM/Pinacoteca do Estado, 1977.

BARROS, Manoel de. *O livro das ignorãças*. Rio de Janeiro: Record, 1997.

BAUDRILLARD, Jean. *Simulações e simulacros*. Lisboa: Relógio d'água, 1991.

BLANCHOT, Maurice. *A parte do fogo*. Trad. Ana Maria Scherer. Rio de Janeiro: Rocco, 1997.

BOULLIER, D. Processeur et réseau: les nouveaux formats de l'être urbain. Em SANDOVAL, V. (Org.). *La Ville Numérique*. Paris: Hermes, 2000. p. 171-190.

BRÉHIER, Émile. *La théorie des incoporels dans l'ancien stoïcism*: Paris: J. Vrin, 1989.

CAMPBELL, D. *Surveillance electronique planetaire*. Paris: Allia, 2001.

CLARK, LYGIA. *Lygia Clark*. Rio de Janeiro: Funarte, 1980.

CORTÁZAR, Julio. *Rayuela* (*Jogo da Amarelinha*). Buenos Aires: Sudamericana, 1963.

COSTA, R. *A cultura digital*. Col. Folha Explica. São Paulo: Publifolha, 2002.

CRARY, Jonathan; KWINTER, Sanford. *Incorporations*. Nova York: Zone Books, 1992.

DELEUZE, Gilles. Empirisme *et subjectivité*. Paris: P.U.F., 1953.

_____. *Nietzsche et la philosophie*. Paris: PUF, 1962.

_____. Raymond Roussel ou l'horreur du vide. *Arts*, Paris, 23 out. 1963.

_____. *Proust et les signes*. Paris: PUF, 1964 (1ª ed.).

_____. *Nietzsche*. Paris: PUF, 1965.

_____. *Le Bergsonisme*. Paris: P.U.F., 1966a.

_____. L'homme, une existence douteuse. *Le Nouvel Observateur*, Paris, 10 jun. 1966b, p.32-34.

_____. Presentacion de Sacher-Masoch: *le froid et le cruel*. Paris: Minuit, 1967.

_____. *Différence et répétition*. Paris: PUF, 1968a.

_____. *Spinoza et le problème de l'expression*. Paris: Minuit, 1968b.

_____. *Logic du sens*. Paris: Minuit, 1969.

_____. Un nouvel archiviste. *Critique*, Paris, n. 274, mar. 1970.

_____. *Lógica do sentido*. Trad. Luiz Roberto Salinas Fortes. São Paulo: Perspectiva, 1974.

_____. Écrivain non: um nouveau cartographe. *Critique*, Paris, n. 343, p. 1207-1227, dez. 1975.

_____. *Proust et les signes*. 4ª ed. Atualizada. Paris: PUF, 1976a.

_____. *Nietzsche e a filosofia*. Trad. Ruth Joffily Dias e Edmundo Fernandes Dias. Rio de Janeiro: Ed. Rio, 1976b.

_____. *Francis Bacon: logique de la sensation*. 2 v. Paris: la Différence, 1981.

_____. *Cinema 1:L'image-mouvement*. Paris: Minuit, 1983a.

_____. *Apresentação de Sacher-Masoch*. Trad. Jorge Bastos. Rio de Janeiro: Taurus, 1983b.

_____. *Cinema 2:L'image-temps*. Paris: Minuit, 1985a.

_____. *Cinema: a imagem-movimento*. São Paulo: Brasiliense, 1985b.

_____. *Foucault*. Paris: Minuit, 1986.

_____. Sur quatre formules poétiques qui pourraient résumer la philosophie kantienne. *Philosophie*, Paris, Minuit, n. 9, 1986a.

_____. *Proust e os signos*. Trad. da 4ª ed. fr. Antonio Piquet e Roberto Machado. Rio de Janeiro: Forense Universitária, 1987.

_____. *Diferença e repetição*. Trad. Luiz Orlandi e Roberto Machado. Rio de Janeiro: Graal, 1988a.

_____. *Foucault*. Trad. Claudia Sant'Anna Martins. São Paulo: Brasiliense, 1988b.

_____. *Pourparlers (1972-1990)*. Paris: Minuit, 1990a.

_____. *Cinema II: a imagem-tempo*. São Paulo: Brasiliense, 1990b.

_____. *Nietzsche*. Trad. Alberto Campos. Lisboa: Ed. 70, 1990c.

_____. *Conversações (1972-1990)*. Trad. Peter Pal Pélbart. Rio de Janeiro: Ed. 34, 1992.

_____. *Critique et clinique*. Paris: Minuit, 1993.

_____. L'immanence: une vie... *Philosophie*, Paris, Minuit, nº 47, p. 3-7, set. 1995.

_____. *O mistério de Ariana*. Trad. Edmundo Cordeiro. Lisboa: Vega, 1996.

_____. *Crítica e clínica*, Trad. Peter Pal Pélbart. São Paulo: Ed. 34, 1997.

_____. *Bergsonismo*. Trad. Luiz B. L. Orlandi. São Paulo: Editora 34, 1999.

_____. *Empirismo e subjetividade: ensaio sobre a natureza*

*humana segundo Hume*. Trad. Luiz B. L. Orlandi. São Paulo: Editora 34, 2001.

_____. *Espinosa e o problema da expressão*. Trad. Luiz B. L. Orlandi. São Paulo: Editora 34 (prelo).

DELEUZE, Gilles; GUATTARI, Félix. L'*anti-Oedipe*. Paris: Minuit, 1972.

_____. *Kafka – Pour une littérature mineure*. Paris: Minuit, 1975.

_____. *O anti-Édipo: capitalismo e esquizofrenia*. Rio de Janeiro: Imago, 1976.

_____. *Kafka – Por uma literatura menor*. Trad. Julio Castanon Guimarães. Rio de Janeiro: Imago, 1977.

_____. *Mille plateaux*. Paris: Minuit, 1980.

_____. *Qu'est-ce que la phisolophie?* Paris: Minuit, 1991.

_____. *O que é a filosofia?* Trad. Bento Prado Jr. e Alberto Alonso Muñoz. Rio de Janeiro: Ed. 34, 1992.

_____. *O anti-Édipo: capitalismo e esquizofrenia*. Trad. Joana Moraes Varela e Manuel Carrilho. Lisboa: Arrírio & Alvim, 1995a.

_____. *Mil platôs*.[1] Vol. 1, incluindo: Prefácio para a edição italiana [de 1988]; "Introdução: Rizoma", "1914 – Um só ou vários lobos" e "10.000 a . C. – A geologia da moral (Quem a terra pensa que é?)". Trad. Aurélio Guerra Neto e Célia Pinto Costa. Rio de Janeiro: Ed. 34, 1995b.

_____. *Mil platôs*. Vol. 2, incluindo: "20 de novembro de 1923 – Postulados da lingüística" e "587 a .C. – 70 d.C. – Sobre alguns regimes de signos". Trad. Ana Lúcia de Oliveira e Lúcia Cláudia Leão. Rio de Janeiro, Ed. 34, 1995c.

---

[1] Na edição brasileira, este livro foi dividido em cinco volumes, publicados entre os anos 1995 e 1997.

_____. *Mil platôs*. Vol. 3, incluindo: "28 de novembro de 1947 – Como criar para si um corpo sem órgãos", "Ano zero – Rostidade", "1874 – Três novelas ou 'O que se passou?'" e "1933 – Micropolítica e segmentaridade". Trad. Aurélio Guerra Neto, Ana Lúcia de Oliveira, Lúcia Cláudia Leão e Suely Rolnik. Rio de Janeiro, Ed. 34, 1996.

_____. *Mil platôs*. Vol. 4, incluindo: "1730 – Devir-intenso, devir-animal, devir- imperceptível" e "1837 – Do ritornelo". Trad. Suely Rolnik. São Paulo, Ed. 34, 1997a.

_____. *Mil platôs*. Vol. 5, incluindo: "1227 – Tratado de nomadologia: a máquina de guerra", "7000 a.C. – Aparelho de captura", "1440 – O liso e o estriado" e "Conclusão: Regras concretas e máquinas abstratas". Trad. Peter Pál Pelbart e Janice Caiafa. São Paulo, Ed. 34, 1997b.

DELEUZE, Gilles; PARNET, Claire. *Dialogues*. Paris: Flammarion, 1977.

_____. *Diálogos*. Trad. Eloisa Araújo Ribeiro. São Paulo: Escuta, 1998.

ECO, Umberto. A theory of semiotics, Indiana University Press, 1976.

_____. *Tratado geral de semiótica*. Trad.. Antonio de Pádua Danesi e Gilson César Cardoso de Souza. São Paulo: Perspectiva, 1980.

ERIBON, Didier. *Michel Foucault, 1926-1984*. Trad. Hildegard Feist. São Paulo: Cia das Letras, 1990.

ESCOBAR, Carlos Henrique (org.). *Michel Foucault, o dossier: últimas entrevistas*. Rio de Janeiro: Taurus, 1984.

_____. *Por que Nietzsche?* Rio de Janeiro: Achiamé, 1985.

_____. *Dossier Deleuze*. Rio de Janeiro: Hólon, 1991.

ESPINOSA, Bento de. *Ética*. Lisboa: Relógio d'Água, 1972.

EWALD, F. Apresentação de "Notas de Deleuze". *Cadernos*

*de Subjetividade.* Número especial dedicado a Gilles Deleuze. São Paulo, PUC-SP, 1996.

FOUCAULT, Michel. Ariadne enforcou-se. *Le Nouvel Observateur*, Paris, 141-144, março/abril 1969,.

_____. Theatrum Philosophicum. *Critique*, Paris, n. 282, p. 908, set. 1970.

_____. *Vigiar e punir.* Trad. Lygia M. Ponde Vassalo. Petrópolis: Vozes, 1977.

_____. *História da sexualidade: a vontade de saber.* V. 1. Trad. Maria Thereza da Costa Albuquerque e José Augusto Guilhon Albuquerque. Rio de Janeiro: Graal, 1980a.

_____. *História da sexualidade: o uso dos prazeres.* V. 2. Trad. Maria Thereza da Costa Albuquerque. Rio de Janeiro: Graal, 1980b.

_____. *História da sexualidade: o cuidado de si.* V. 3. Trad. Maria Thereza da Costa Albuquerque. Rio de Janeiro: Graal, 1980c.

_____. *Microfísica do poder.* Revisão Roberto Machado. Rio de Janeiro: Graal, 1990.

_____. *A verdade e as formas jurídicas.* Rio de Janeiro: Nau, 1996.

GUATTARI, Felix. *Revolução molecular: as pulsações políticas do desejo.* Trad. Suely Rolnik. São Paulo: Brasiliense, 1981.

_____. *O inconsciente maquínico.* Trad. Ana Lúcia de Oliveira. Campinas: Papirus, 1988.

_____. *Caosmose: um novo paradigma estético.* Trad. Ana Lúcia de Oliveira e Lúcia Cláudia Leão. Rio de Janeiro: Ed. 34, 1992.

GUATTARI, Felix; NEGRI, Antonio. *Os novos espaços da liberdade.* Coimbra: Centelha, 1987.

GUATTARI, Felix; ROLNIK, Suely. *Micropolítica: cartografias do desejo.* Petrópolis: Vozes, 1986.

GIDDENS, Anthony. *Para além da esquerda e da direita.* São Paulo: UNESP, 1996.

HARDT, M. La société mondiale de contrôle. Em ALLIEZ, Eric (org.). *Gilles Deleuze, une vie philosophique.* Paris: Synthélabo, 1998.

HOLLANDA, Heloisa Buarque de; RESENDE, Beatriz (org.). *Arte Latina: cultura, globalização e identidades cosmopolitas.* Rio de Janeiro: Aeroplano/Museu de Arte Moderna, 2000, p. 250-266.

HUSSERL, Edmond. *Meditations cartésiennes.* Paris: Vrin, 1969.

JAKOBSON, Roman. Quest for the essence of language. In: _____. *Selected Writings: Vol. II - Word and Language*, The Hague. Paris: Mouton, 1971.

_____. *Lingüística e comunicação.* Trad. Isidoro Blikstein e José Paulo Reis. São Paulo: Cultrix, 1973. p. 117.

KRAUSS, Rosalind; BOIS, Ive-Alain. *Formless, a user's guide.* Zone Books, s/d.

LAPOUJADE, David (org.) *L'Île déserte et autres textes: textes et entretiens 1953-1974.* Paris: Minuit, 2002.

_____. *Deux régimes de fous: textes et entretiens 1975-1995.* Paris: Minuit, 2004.

LENAIN, Thierry. *Pour une critique de la raison ludique*: essai sur la problématique nietzschéenne. Paris: J. Vrin, 1993.

LESSIG, L. *Code and other laws of cyberspace.* Nova York: Perseus, 1999.

LÉVY, Pierre. *Cyberdemocratie.* Paris: Odile Jacob, 2002.

MAES, P. Agents that reduce work and information overload. In: BRADSHAW, J. *Software Agents*. Cambridge, MA: MIT Press, 1997.

MANN, S. *Cyborg*. Toronto: Doubleday Canada, 2001.

MCEVILLEY, Thomas. Yves Klein conquistador du vide. *Yves klein*, Paris, Centre Georges Pompidou, p. 40, 334-335, 1983.

MENDES, Murilo. *O menino experimental*. São Paulo: Summus, 1979.

MOTTA, M.B. (org.). *Arqueologia das ciências e história dos sistemas de pensamento*. 5 v. Rio de Janeiro: Forense Universitária, 2000.

MUSÉE D'ART MODERN DE LA VILLE DE PARIS. *L'art conceptuel, une perspective*, Paris, p. 114-125, 1990.

NIETZCHE, Friedrich. *Assim falou Zaratrusta*. Trad. Mário da Silva. Rio de Janeiro: Civilizações Brasileiras, 1986.

ONFRAY, Michel. *A escultura de si*. Rio de Janeiro: Rocco, 1995.

PARENTE, André. *Narrativa e modernidade*: os cinemas não narrativos do pós-guerra. Campinas: Papirus, 2000.

PASOLINI, Pier Paolo. *Empirismo hereje*. Lisboa: Assírio e alvim, 1982.

PASQUINO, Pasquale. *Les stoïciens et leur logique*. Paris: Vrin, 1978.

PEIRCE, Charles Sanders. *Semiótica*. São Paulo: Perspectiva, 1977.

_____. *Semiótica e Filosofia*. São Paulo: Cultrix, s/d.

PFEIFFER, E. Technology Review. *Folha de São Paulo*, São Paulo, 22 out. 2004. Cad. Folha Informática.

PLAZA, Julio. Arte e interatividade: autor-obra-recepção. *Concinnitas*, Rio de Janeiro, n° 4, março 2003, p. 07-34.

PRIGOGYNE, Ilya. *O nascimento do tempo*. Lisboa: Edições 70, 1990.

ROSSET, Clément. *Le choix des mots*. Paris: Minuit, 1995.

_____. *Loin de moi*. Paris: Minuit, 1999.

SANTAELLA, Lúcia. *O que é semiótica?* São Paulo: Brasiliense, 1990.

SITNEY, P. Adam. *Visionary film, the american avagantgarde*. New York: Oxford University Press, 1979.

VASCONCELLOS, Jorge; FRAGOSO, Emanuel A. da R. *Gilles Deleuze: imagens de um filósofo da imanência*. Londrina: UEL, 1997.

VIRILIO, Paul. *O espaço crítico*. São Paulo: Ed 34, 1993.

XAVIER, Ismail. *Alegorias do subdesenvolvimento: Cinema Novo, Tropicalismo, Cinema Marginal*. São Paulo: Brasiliense,1983.

**Outras mídias**

_____. *L'Abécédaire*. Vídeo realizado por André Boutang, entrevistas de Clair Parnet. Paris: Éditions Montparnasse, 1995.

DELEUZE, Gilles. *Spinoza: immortalité et éternité*. 2 CDs. Paris: Gallimard, 2001.

_____. *Cursos* na Universidade de Vincennes, Editado por Richard Pinhas: http://www.imaginet.fr/deleuze.

TIA. *Electronic Privacy Information Center*. In: http://www.epic.org/privacy/profiling/tia/

## os autores

Jorge Cruz (org.)

Cláudio da Costa
Claudio Ulpiano
Elton Luiz
Jorge Vasconcellos
Leonel Azevedo de Aguiar
Ricardo Basbaum
Rogério da Costa

## Cláudio da Costa

Coordenador do Curso de Cinema da Universidade Estácio de Sá e professor do Instituto de artes da UERJ. Doutor pela Escola de Comunicação da UFRJ. Publicou o livro *Cinema Brasileiro, dissimetria, oscilação e simulacro*.

## Elton Luiz

Professor das universidades Cândido Mendes e Veiga de Almeida. Mestre e doutor em Filosofia pela UERJ, mestre em Comunicação Social pela Eco/UFRJ. Publicou os artigos *Sobre o Afeto na Filosofia de Gilles Deleuze* (set. 1997) e-*Borges: O Livro de Areia* (jun. 2002), ambos no Caderno Transdisciplinar, da Revista do Instituto de Psicologia da UERJ; *Pintura e Filosofia* (out. 2000), na Revista Conccinitas, do Instituto de Ates da UERJ; e *Três questões acerca da Filosofia e do Direito* (set. 1998), em número especial da Revista da Faculdade de Direito Cândido Mendes. Proferiu diversas palestras em universidades e instituições do Rio de Janeiro, entre elas, *Arquitetura Gótica e Pensamento Medieval*, no seminário Filosofia e Arte do Centro Cultural Banco do Brasil – CCBB, em 1999; Paixão e *Liberdade em Espinosa*, no III Encontro de Filosofia Contemporânea – A Ética no Conhecimento Contemporâneo, em 2001; e *Deleuze e o cinema*, no evento Krisis – encontros de filosofia contemporânea, na PUC-Rio, em 2003.

## Jorge Cruz

Professor do Departamento de Linguagens Artísticas e do Mestrado em Artes do Instituto de Artes/Universidade do Estado do Rio de Janeiro – Uerj. Mestre e doutor em comunicação, respectivamente pela ECO/UFRJ e PUC-SP. Roteirista e diretor do filme curta-metragem 35 mm/cor/16 minutos, *A quadrilha*. Publicou *O roteiro cinematográfico: uma apresentação*, no livro *Estudos de Cinema Socine 2000*, Porto Alegre, Editora Sulina, 2001, páginas 316-332. Organizou, no Instituto de Artes da Uerj, os eventos *Cinema: a via digital*, em 2003; e *O som no cinema*, em 2002. De 1997 a 2002, foi editor da revista *Concinnitas*, do Departamento de Educação Artística-História da Arte/Deart, da Universidade do Estado do Rio de Janeiro/ Uerj.

*Jorge Vasconcellos*

Professor do Programa de Pós-graduação em Filosofia da Universidade Gama Filho e Professor Adjunto da Escola de Comunicação e Artes da UniverCidade. Doutor e Mestre em Filosofia/UFRJ-UERJ, respectivamente; Especialista em Filosofia/UERJ; Bacharel e Licenciado em Filosofia/UFRJ; Cursou Comunicação Social – Cinema/UFF e Ciências Sociais – Sociologia/UFF. Publicou *Gilles Deleuze: imagens de um filósofo da imanência*, EdUEL, 1997; *Artes, Subjetividade e Virtualidade: ensaios sobre Bergson, Deleuze e Virilio*, Publit Soluções Editoriais, 2005; além de vários artigos em periódicos especializados nas áreas de Filosofia e Comunicação Social, além de escrever críticas e resenhas cinematográficas como pesquisador de *cinematografias* e *audiovisualidade*. É editor científico das revistas: *Ethica* e *Légein*, ambas do Programa de Pós-graduação em Filosofia da UGF. Atualmente pesquisa as relações entre Ética e Estética e a produção de novos meios de expressão filosófica, marcadamente as relações da filosofia com o cinema, com a literatura e com o teatro. Faz parte do Grupo de Pesquisa *Filosofia Contemporânea*/CNPq; e do Grupo de Trabalho *Filosofia Pós-Metafísica*/ ANPOF.

*Leonel Azevedo de Aguiar*

Professor de *Teoria da Comunicação* do Departamento de Comunicação Social da Pontifícia Universidade Católica do Rio de Janeiro (PUC-Rio) e de *Política da Comunicação* da Faculdade de Comunicação Social da Universidade Estácio de Sá; Jornalista da Assessoria de Comunicação do Centro Federal de Educação Tecnológica do Rio de Janeiro (CEFET-RJ). Mestre e doutor em *Comunicação e Cultura*, na linha de pesquisa *Comunicação e Sistemas de Pensamento*, da Escola de Comunicação da Universidade Federal do Rio de Janeiro. Bacharel em Comunicação Social (Jornalismo) pela Universidade Federal Fluminense.

Autor de inúmeros artigos sobre as relações entre discurso e poder a partir da perspectiva dos movimentos sociais, entre os quais: *A cultura de massa e a crise ecológica global na mídia: uma crítica ao princípio de responsabilidade*, para o Intercom 2004; *Imaginário e natureza – discurso biocên-trico, uma ética de retorno ao sagrado?*, para *Semiosfera 3*; *A perspectiva moderna do discurso ecológico: da Ecologia Política às catástrofes ambientais*, para *Tecnologia e Cultura 5*.

## Ricardo Basbaum

Artista, escritor, crítico, curador e professor do Instituto de Artes da Universidade do Estado do Rio de Janeiro. Mestre em Comunicação e Cultura, pela Escola de Comunicação da Universidade Federal do Rio de Janeiro, com apoio da CAPES; especialista em História da Arte e Arquitetura no Brasil, pela PUC-Rio. Vive e trabalha no Rio de Janeiro. Inicia seu trabalho a partir dos anos 80, numa perspectiva de investigação de diversas formas de linguagem, aproximando campo artístico e campo comunicativo, realiza *performances*, ações, intervenções, textos, manifestos, objetos e instalações. Entre 1993 e 1994 foi Bolsista do British Council para realizar Pós-Graduação em Artes no Goldsmiths' College, Londres. Publicou textos em catálogos de exposições e em diversas revistas especializadas, no Brasil e no exterior, entre as quais se incluem Verve, Galeria, Guia das Artes, Gávea, Arte & Ensaio, Trans, Lapiz, Atlantica, Poliester, Blast, Revista da USP, Porto Arte, O Carioca, Confidências para o exílio, Número e Concinnitas. É colaborador do livro *Interaction: artistic practice in the network*, organizado por Amy Scholder e Jordan Crandall, Nova

York, Eyebeam Atelier e D.A.P., 2001. Organizou a coletânea *Arte Contemporânea Brasileira – texturas, dicções, ficções, estratégias*, Contra Capa, 2001. É autor dos livros de artista de *G x eu*, 1997, e *NBP x eu-você*, 2000. Entre 1999 e 2003 cria e coordena, no Rio de Janeiro, junto com outros artistas, a iniciativa independente Agora - Agência de Organismos Artísticos. É coeditor da revista *item*, voltada para arte e cultura contemporânea. Curador da mostra "Mistura + Confronto" (Porto, 2001), e co-curador do Panorama da Arte Brasileira 2001 (MAM-SP). Foi artista-residente da UNICAMP (Campinas, 1987). Em 2002, participou da XXV Bienal de São Paulo, da exposição coletiva *Vivências* (The New Art Gallery, Wallsal, Inglaterra) e do projeto *urban tension* (museum in progress, Vienna). Em 2004 expõe no MALBA – Museo de Arte Latinoamericano de Buenos Aires, no projeto "Formas de pensar".

## Rogério da Costa

Professor de filosofia, cultura e tecnologias digitais no programa de pós-graduação em Comunicação e Semiótica e do curso de Tecnologias e Mídias Digitais, do Departamento de Ciência da Computação, ambos da Pontifícia Universidade Católica de São Paulo (PUC-SP). Doutor em Filosofia pela Universidade de Paris IV-Sorbonne, mestre em Filosofia pela USP e Engenheiro de Sistemas e Computação pela UERJ.

Pesquisador do CNPq, com projeto de estudos sobre comunidades virtuais e redes de conhecimentos e pesquisador associado no programa Canada Research Chair of Collective Intelligence, da Universidade de Ottawa, dirigido pelo prof. Pierre Lévy. Fundou e Coordena o LInC – Laboratório de Inteligência Coletiva da PUC-SP **(www.pucsp.br/linc)**, e coordenou o Centro de Estudos em Ciências Cognitivas e Semiótica da PUC-SP, de 1995 até 2001. Publicou os livros *A Cultura Digital*, pela Publifolha, na coleção Folha Explica (2002, 2ª edição em 2003) e *Limiares do Contemporâneo*, pela Escuta, 1993. É autor, ainda, de vários artigos e capítulos de livro sobre filosofia, educação e novas tecnologias.

# Anotações

Impressão e acabamento
**Gráfica da Editora Ciência Moderna Ltda.**
Tel: (21) 2201-6662